HARMONIZE-SE COM O SEU ANJO DA GUARDA

Anita Godoy

HARMONIZE-SE COM O SEU ANJO DA GUARDA

EDITORA PENSAMENTO
São Paulo

Copyright © 1994 Anita Godoy

Todos os direitos reservados. Proibida a reprodução total ou parcial sem a expressa autorização da autora.

Algumas ilustrações foram tiradas da obra *Os Anjos da Bíblia*, de Pino Madero.

Edição
2-3-4-5-6-7-8-9

Ano
97-98-99-00

Direitos reservados
EDITORA PENSAMENTO LTDA.
Rua Dr. Mário Vicente, 374 – 04270-000 – São Paulo, SP – Fone: 272-1399
E-MAIL: pensamento@snet.com.br
http://www.pensamento-cultrix.com.br

Impresso em nossas oficinas gráficas.

Dedico este livro a todas as pessoas que um dia "viram", "ouviram" ou "entraram" em contato com Anjos.

A todos que, como Joana D'arc, não tiveram medo de mudar tudo em suas vidas para seguirem fielmente as orientações angelicais.

Agradeço ao meu companheiro Godoy (meu Anjo da guarda encarnado) pelo apoio, compreensão e respeito ao meu trabalho.

Agradeço aos meus quatro filhos — Fúlvio, Thiago, Marcela e Felipe —, que sempre colaboraram, vibraram e me incentivaram na minha missão.

Agradeço a Marli Spini e à Rede Globo de televisão por reconhecerem meu trabalho com os Anjos e os Oráculos.

Índice

Apresentação 13
Os Anjos na Bíblia 17
O Valor da Prece, da Concentração e da Oração. 25
Críticas 29
Conhece-te a Ti Mesmo 31
Bom Humor 35
Soluções Angelicais 37
Comunicação com os Anjos 41
Como Invocar os Anjos 45
Hierarquias Angelicais 81
Significado dos Principais Salmos 85
Aprenda a Ancorar o seu Anjo da Guarda .. 87
Informações Úteis 89
Limpeza Espiritual Junto dos Anjos 91
Busque sua Força 95
Conduta Angelical 99
Auto-análise 103
Arcanjos 105
Função dos Anjos 111
Anjos Decaídos (demônios) 113
Orações 117
Posturas Angelicais (para meditar) 131
Encerramento 134

"Conhece a verdade e a verdade te libertará."

João, 8:32

QUE OS ANJOS NOS ABENÇOEM HOJE E SEMPRE

Apresentação

Livros, para que servem? Instruir, orientar, divertir, distrair, relembrar. Se você pensar bem, todos nós já lemos muitos livros com todos esses objetivos, em busca de algo que nos preencha, realize, informe ou satisfaça.

Este nosso livro pretende levar uma orientação segura, tranqüila, alegre, eficaz, otimista e muito angelical. Depois de lê-lo você jamais será o mesmo.

Pode ter certeza que, se você pegou este livro para ler, é porque os Anjos já estão perto de você e querem ajudá-lo cada vez mais. Se você pegou este livro é porque já começa a brilhar dentro de você a grande luz interior da verdadeira vida, objetivo de todos nós em constante busca da felicidade maior.

A melhor forma de buscarmos a ajuda dos Anjos é sabendo como fazer, como invocar, como trazer os Anjos para o nosso dia-a-dia e sermos mais felizes.

Você, que está lendo este livro agora, se parar um instante para analisar sua vida, temos a certeza de que vai se lembrar de diversas passagens onde a atuação divina, angelical, esteve presente de forma eficaz e objetiva.

Todos nós já passamos por vários momentos onde o desespero, a preocupação, a ansiedade e a angústia nos tolhiam, deixando-nos sem ação. Mas, de repente, sem sabermos como ou de onde, surgia uma solução maravilhosa, vinda de quem menos esperávamos, nos dando força, energia e esperança.

Coincidências não existem. O que acontece muitas vezes é a atuação providencial dos Anjos na nossa vida.

E quem são os Anjos? Quem são esses seres maravilhosos que nos acompanham incansáveis, perseverantes e otimistas desde a primeira vez que pisamos na Terra?

A palavra Anjo vem do grego *Angelos*, pelo latim *Angelus*, que quer dizer mensageiro. Os Anjos são os mensageiros entre Deus e o homem. Eles trabalham entre o Céu e a Terra para o benefício de tudo e de todos.

Nos dias de hoje, a discórdia, o desentendimento, a revolta, o orgulho e a prepotência tomam conta das pessoas. O ser humano não está conseguindo equilibrar-se diante de tantas dificuldades. A luta entre o Bem e o Mal é muito grande, tanto na Terra como na espiritualidade. É preciso muita coragem, muita ousadia, muita confiança e fé, para levantarmos nossas vozes e pregarmos uma palavra de estímulo, conforto e ajuda. Venha conosco conhecer o mundo angelical, ouse.

Nós não pretendemos fazer aqui um tratado profundo, nem estudos aprimorados sobre os Anjos, estes maravilhosos mensageiros de Deus. Nossa proposta é levar uma obra leve, prática e bem objetiva ao alcance de todos. Nosso grande desejo mesmo é atingir o coração das pessoas com mensagens angelicais e com inspirações de luz, uma oportunidade valiosa e muito rara em nossos dias.

Os Anjos na Bíblia

Os Anjos sempre estiveram presentes em nossas vidas. Na Bíblia temos várias citações da atuação dos Anjos na vida dos homens. Podemos relatar algumas dessas passagens que tornam incontestáveis essa presença Divina, essa presença de Luz, a Luz Angelical na Terra.

Para Abraão, os Anjos anunciaram que sua mulher Sara teria um filho na velhice. O que parecia impossível aos olhos dos homens não o era para Deus e, um ano depois, Sara deu à luz uma criança que foi chamada de Isaac, que quer dizer "Deus sorri".

Mais tarde, quando Isaac estava crescido, Abraão ouve a voz de Deus pedindo a ele que sacrifique seu único filho ao Senhor. Mesmo incrédulo, sem entender o motivo para tal pedido, Abraão leva Isaac à montanha para ser sacrificado. Mas, no momento do sacrifício, aparece um Anjo que impede o ato final, dizendo que Abraão já havia provado seu amor e fidelidade a Deus.

Em outra importante passagem bíblica vemos o profeta Elias fugir para o deserto para não ser morto pelos soldados da Rainha. No deserto, já sem forças, com fome e com sede, senta-se e pede ao Senhor que o leve embora, pois ele já não agüentava mais esta vida. Adormece. Mais tarde é acordado por um Anjo que lhe oferece pão e água. Ele come, bebe e volta a dormir. O Anjo o acorda novamente e diz: "Come e bebe bastante, pois tua caminhada pelo deserto será longa e precisas te fortalecer." Novamente Elias come e bebe à vontade. Depois disso Elias peregrinou pelo deserto durante quarenta dias e quarenta noites até chegar ao monte Sinai (monte santo de Deus).

O profeta Isaías sentiu-se indigno de "pregar" o nome do Senhor, pois se considerava pecador como todo o povo de Israel. Então, em uma "visão", ele contempla de dentro do templo o Senhor sentado em seu trono, acima de querubins. Um dos querubins pega uma das brasas incandescentes do incenso, toca a boca de Isaías e diz: "Agora teus lábios estão purificados. Tua culpa desapareceu. Teu pecado foi cancelado. Agora podes falar em nome do Senhor." Em seguida a voz do Senhor lhe diz: "Se tu não aceitares profetizar, quem eu mandarei ao rei de Acaz e ao povo? Quem falará em meu lugar?"

Imediatamente, Isaías aceita profetizar o nome e a vontade do Senhor.

Em outra passagem bíblica, o Arcanjo Rafael apareceu a Tobias, acompanhou-o em sua viagem até Média para que ele recuperasse o dinheiro que seu pai, há vinte anos, havia emprestado. Ao voltar junto dele, ensina a Tobias um remédio preparado com peixe que cura a cegueira de seu pai, Tobit.

Rafael quer dizer "cura de Deus".

Mais adiante vemos o rei Nabucodonosor mandar construir uma fornalha imensa e jogar dentro dela três jovens israelitas que não quiseram adorar sua imagem de ouro. Lá dentro, aparece aos jovens um Anjo e isola-os do fogo para que não se queimem. O próprio rei Nabucodonosor se espantou ao ver quatro pessoas dentro da fornalha, quando ele mesmo viu apenas os três jovens serem jogados.

O rei reconheceu que o quarto jovem era um ser divino.

Nabucodonosor ordena que se retirem os jovens da fornalha (que saem ilesos) e envia mensagem a todos os povos, comunicando o fato por ele presenciado e admitindo a presença angélica e a força e poder do Deus único.

Em outra passagem bíblica, muito conhecida por todos, o rei Dário manda jogar na cova de leões famintos o profeta Daniel, por intriga de seus conselheiros que invejavam Daniel por sua inteligência e pela amizade que o rei lhe dedicava. No outro dia o próprio rei Dário foi ver a cova dos leões e Daniel lá estava, tranqüilo e sem ferimentos. Daniel lhe contou que durante toda a noite os Anjos do Senhor lá estiveram protegendo-o e não deixando que nenhum leão o atacasse.

Todos esses acontecimentos mostrando a importância e a atuação dos Anjos na Terra são encontrados no Antigo Testamento.

No Novo Testamento, encontraremos também fatos importantíssimos para o destino da humanidade, que contava sempre com a ajuda, proteção, interferência e mensagens dos Anjos.

Zacarias estava no templo cuidando de manter aceso o incenso. Quando a fumaça se espalha, ele vê ao lado do altar um Anjo que lhe comunica que ele e sua mulher, Isabel, ambos já idosos, terão um filho que se chamará João e ele anunciará ao mundo a chegada do Filho de Deus.

O mesmo Anjo que apareceu a Zacarias aparece a Maria e anuncia que ela será a mãe de um menino que se chamará Jesus. Esse era o Arcanjo Gabriel — o Anjo das boas-novas.

José não aceitava a idéia de Maria estar esperando um filho, sendo que eles nunca haviam estado juntos. Mas o Anjo lhe aparece também, conta tudo o que aconteceu e pede a José que aceite Maria, porque o filho que ela carrega no ventre será o maior de todos os Messias enviados à Terra. José compreende e aceita Maria e a criança.

Na noite em que Jesus nasceu, foram os Anjos que, como grandes mensageiros, apareceram aos pastores no campo, anunciando que havia nascido o grande Salvador.

Os Anjos também aparecem a José, pedindo a ele que fuja com Maria e o menino para o Egito, para escapar da matança dos inocentes, decretada pelo rei Herodes.

Mais uma vez os Anjos interferem para proteger, salvar e ajudar o menino Jesus.

Contam muitos relatos que no horto das Oliveiras, um momento difícil na vida do mestre Jesus Cristo, que antevia seu sofrimento e agonia, um Anjo apareceu para consolá-lo e ampará-lo. Isso mostra que todos nós também temos a proteção dos Anjos nos momentos de sofrimento e necessidade. Os Anjos não nos desamparam jamais.

Muito importante foi a aparição dos Anjos que vieram, tiraram a pedra do sepulcro e Jesus ressuscitou.

Pedro estava na prisão quando um Anjo apareceu e libertou-o das algemas, abriu a porta, passou pelos guardas que dormiam, abriu o grande portão da prisão e só desapareceu depois de Pedro estar a salvo do lado de fora.

Os Anjos sempre estiveram presentes junto dos homens, mas muitas vezes não acreditamos, não damos ouvidos. Realmente os Anjos podem fazer coisas que aos homens pareçam impossíveis. Aquele que realmente acredita e jamais perde a fé consegue maravilhas junto aos Anjos.

Os Anjos dizem sempre a verdade, porque eles são os mensageiros de Deus. Siga sua intuição porque são os Anjos falando através de você.

Os Anjos podem libertá-lo de qualquer prisão, amarra ou limitação. Basta que você acredite nisso e colabore, aceitando mudanças e empenhando-se para tornar-se um ser humano maior e melhor.

O Valor da Prece, da Concentração e da Oração

Jesus disse: "Onde houver um ou mais em meu nome, aí eu estarei."

Seria impossível falar dos Anjos sem falarmos sobre o valor da prece, sobre a necessidade de elevarmos nossos pensamentos a uma dimensão maior e aí buscarmos a ajuda necessária para os nossos problemas do dia-a-dia.

Saiba que quando você pára suas atividades e acalma sua mente, você oferece condições: abre as portas da sua consciência para a inspiração, para a orientação da luz, da espiritualidade maior. Queremos que você aproveite de forma eficaz esses valiosos momentos.

Muitas vezes nós lemos na Bíblia que Jesus subiu a montanha para orar. Esta é uma linguagem simbólica, que nos mostra simplesmente que Jesus parou sua atividade na Terra para elevar seu pensamento ao alto e orar.

Jesus nos deu seu exemplo para que nós também sentíssemos a necessidade deste recolhimento e concentração diários. Vamos adotar esta prática que o mestre dos mestres nos ensinou.

SÓ DEUS ABENÇOA E CURA

Na Terra, uma cura só se realiza se houver a permissão de Deus, da luz, desta força maior, senão nossos apelos e pedidos apenas servirão para atenuar um pouco o sofrimento da pessoa.

Isso significa que se uma pessoa pede muito uma cura física e não consegue, é porque ela ainda não cumpriu a maior parte do seu karma, pois se ela já tivesse vencido a maior parte desse karma, com certeza a cura ocorreria. A chave, o poder que realiza todos os milagres está na fé. Não em uma fé vacilante e duvidosa, mas na fé que crê realmente que Deus está em tudo e em todos. O poder de realizar milagres está na grande fé daqueles que sempre pensam no bem, falam o bem, ouvem o bem e só esperam o bem (atitude angelical).

DOR

Na vida não existem atalhos. Não podemos colocar nossos karmas na porta dos outros.

Os Anjos não vão acabar com os nossos problemas. Aliás, nem poderiam fazê-lo, mesmo que quisessem, pois acima de tudo existe uma lei maior que deve ser respeitada e cumprida.

Todos nós estamos sob a lei de causa e efeito e o nosso livre-arbítrio é sempre respeitado. Então, cada um de nós é o único responsável por tudo que nos aconteça de bom ou de ruim. Cada um está colhendo os frutos do que já plantou, e com nossas atitudes estamos semeando nossas próximas colheitas.

Como já dissemos, os Anjos não vão tirar os problemas de nossas vidas, mas eles nos ajudam a enfrentar tudo com fé, muita coragem e otimismo.

Você pode ter a certeza que junto do mundo angelical seus problemas ou dificuldades se tornarão pequenos diante de sua própria força.

Críticas

Uma coisa é certa: sempre criticamos em alguém alguma parte da nossa própria personalidade que nos desagrada muito.

O crítico, o dono da verdade, o sabe-tudo, aquele que condena está em toda a parte, sempre pronto a acabar com sua alegria, com seu poder de criar, de ousar. Então, antes de criticarmos, devemos fazer uma auto-análise honesta e melhorar aquele ponto crítico em nós mesmos em primeiro lugar.

Descubra Deus em você em vez de perseguir o demônio nos outros. Peça aos Anjos que o auxiliem a perceber as verdades como elas realmente são. Aumente sua percepção. Aumente sua capacidade, sua criatividade.

Para superarmos nossos defeitos, nossas fraquezas, devemos encará-los com honestidade e um profundo desejo de reforma interior.

Não esmoreça, não se abale jamais, os Anjos estarão sempre do seu lado, ajudando-o, impulsionando-o para a frente sem medo. Equilibre-se com você, com a natureza e com Deus. Assim você estará se harmonizando com o mundo angelical. Trabalhe com os Anjos; transforme toda escuridão da sua vida em luz.

Conhece-te a Ti Mesmo

Sócrates disse: "Conhece-te a ti mesmo." Jesus disse: "Conhece a verdade e a verdade te libertará."

Se prestarmos atenção, estas duas máximas de extrema filosofia encerram a mesma verdade, pois o ser humano só conseguirá entender as verdades máximas do universo após conhecer e entender a si próprio. Então devemos nos conhecer a fundo para que possamos entender, amar e perdoar nosso próximo.

Mas de que forma poderemos aplicar a máxima "Conhece-te a ti mesmo" nas nossas vidas?

I — Saiba bem o que você quer da vida. Não fuja da verdade, assuma suas fraquezas, seus defeitos, e combata-os de frente, sem medo. Antes de mais nada devemos gostar de nós mesmos, com nossas qualidades, mas também com nossos defeitos.

Admitir os próprios erros e superá-los é a grande terapia. Quando admitimos para nós mesmos esses erros, já demos o primeiro passo; depois, quando conseguirmos confessar naturalmente aos outros nossos pontos fracos conseguiremos nos libertar de culpas, fracassos e inseguranças.

II — Peça a ajuda dos Anjos para a melhor forma de vencer seus próprios limites. Esse passo exige honestidade (para reconhecer seus pontos fracos) e muita perseverança (para jamais desistir ou sucumbir).

Não é necessário que você exija demais de você mesmo. Você não precisa passar com nota dez em todos os testes que a vida lhe apresentar. Se conseguir passar com seis ou sete, parabéns. Você já conseguiu vencer a si mesmo.

III — Vá à luta para realizar seus projetos, e pode ter a certeza de que, com a ajuda dos Anjos, todos os seus sonhos se realizarão.

Ninguém conseguirá caminhar para a frente sem antes libertar-se das amarras que o prendem a seu passado.

Liberte-se do passado; desapegue-se da matéria; não se prenda a sentimentos de inveja, ambição, vaidade, egoísmo, prepotência, orgulho, sentimento de posse, ciúme, vingança e tantos outros que só prejudicam a humanidade.

Seja livre e leve como os Anjos e você conseguirá "voar".

Aprenda junto dos Anjos a perdoar — esta é a grande chave que pode nos libertar do nosso próprio passado em direção a um grandioso e belo futuro.

Evolua sempre, caminhe para a luz, mas faça tudo que estiver ao seu alcance para auxiliar as pessoas que o rodeiam a se iluminarem também. Só assim conseguiremos "subir" na espiritualidade. Sozinho ninguém evolui, precisamos levar os outros conosco e, assim procedendo, facilitaremos a tão desejada e preciosa ajuda dos Anjos em nossas vidas.

Durante vinte e cinco anos trabalhando com terapias, pudemos acompanhar de perto a dificuldade que o ser humano encontra em se desprender das coisas materiais para poder relaxar, tornar-se mais leve para poder "voar" como os Anjos.

E tornar-se mais leve significa desprender-se do passado, da matéria, das imperfeições e grosserias que nos prendem à Terra. Chegou a hora de o ser humano ascender, elevar sua consciência, sua alma e buscar sua grande luz.

Se não aprendermos a perdoar, jamais conseguiremos "levantar vôo" (elevarmos nosso espírito, nosso Eu superior, nossa consciência à luz, a Deus).

Precisamos aprender a ouvir nossos Anjos da guarda. Eles nos darão a melhor orientação sempre. Só ouvir também não basta. É preciso colocar em prática as orientações recebidas e aceitar que mudanças ocorram em nossas vidas. É como seguir a sinalização de trânsito, obedecendo as placas indicativas que sem dúvida nos levarão com segurança ao rumo certo.

Bom Humor

SORRISO

Humor — chave bendita que evita *stress*, rabugice, sisudez auto-imposta, intolerância, etc. Viva em alto astral — sorria sempre.

Pessoas pesadas, sisudas, carrancudas, de mal com o mundo, com posturas altamente críticas, não podem ter Anjos por perto, porque os Anjos não são assim. Os Anjos são leves, bem-humorados e cheios de esperança:

Sorria sempre:

Sorria para você.

Sorria para os problemas.

Sorria para a vida.

Sorria com a vida.

Sorria. O sorriso limpa a alma, lava as mágoas, une corações. Um sorriso em seu rosto mostra que tem um Anjo perto de você.

Liberte-se do passado, livre-se de mágoas, rancores, ressentimentos, raiva; livre-se de todos os aspectos negativos o mais rápido possível, pois só assim você conseguirá formar novos padrões mentais de positivismo, força, esperança e alegria.

Não tema as mudanças na sua vida. Elas são necessárias para que você evolua; só assim você conseguirá melhorar você mesmo, e com isso você será muito mais feliz e fará felizes todos que o rodeiam.

Soluções Angelicais

Quando nós resolvermos trabalhar com os Anjos, entrar em contato com o mundo angelical, notaremos que fortes mudanças ocorrerão em nossas vidas, na nossa personalidade, na nossa maneira de ser e de encarar a vida. Apresentaremos agora duas situações-problema e a forma de enfrentá-las através da consciência angelical.

1ª situação: Por exemplo, como muitas vezes acontece em nossas vidas, quando uma pessoa se aproxima de uma família ou de um grupo e, em pouco tempo, consegue desarmonizar todas as pessoas, semear a discórdia e o desentendimento, muitas vezes até falando em nome de Deus, da espiritualidade ou dos Anjos, de início nós já podemos ver que suas atitudes e posturas não estão coerentes com o mundo angelical, que só nos traz paz, luz, equilíbrio. Cuidado, não se deixe enganar.

Ninguém pode usar o nome dos Anjos, de Deus ou da luz para usufruir de benefícios próprios, materiais, utilizando a boa-fé e se aproveitando disso.

A postura de qualquer pessoa realmente unida aos Anjos, em uma situação como essa, deverá ser sempre conciliadora, apaziguadora. Não adianta passar a nossa verdade para os outros, porque muitas vezes as outras pessoas não enxergam os fatos como nós enxergamos, e muitas vezes também eles ainda não estão preparados para ver a luz, e o livre-arbítrio deve ser respeitado sempre.

Todos têm o direito de seguir o caminho que quiserem, ou melhor, a linha com a qual tiverem mais afinidade.

Não devemos entrar em brigas e discussões tentando impor nosso ponto de vista. Isso não seria uma atitude angelical coerente.

2ª situação: Esse tipo de caso é muito comum. Muitas vezes, pessoas que se dizem seguidoras dos Anjos, da luz, que praticam caridade, que querem melhorar, evoluir, costumam ter duas medidas ou pesos em seus julgamentos: uma medida para as pessoas "de fora", outra bem diferente para os familiares.

Pessoas desse tipo ainda não conseguiram trabalhar bem com seus próprios problemas, e dão mil desculpas para as próprias atitudes. Infelizmente os interesses materiais predominam, o orgulho toma conta das pessoas e o egoísmo consegue sufocar qualquer atitude angelical.

Vamos fugir desse tipo de atitude, meus amigos. Como já dissemos antes, nosso caminho é a luz. Vamos buscá-la sem máscaras, sem fingimentos. Chegou a hora de mudar realmente e os Anjos estão aí para nos ajudar. Acredite nisso.

No dia em que o ser humano aprender a amar todos os seres incondicionalmente, os sentimentos de mesquinharia desaparecerão. Aprenderemos a ver Deus no próximo e em todas as coisas, e a tratá-lo como tal, com amor, dignidade e respeito.

Comunicação com os Anjos

A melhor forma de se comunicar com os Anjos, meu amigo, é a sua forma, ou seja, a que você mesmo inventar, a que seu coração pedir. Essa será sempre a melhor forma para você. Só o fato de querer se comunicar já é por si só um grande começo.

Vão aqui algumas sugestões que valem a pena ser experimentadas:

I — Correio Angelical: É uma forma bem gostosa de se comunicar com seu Anjo da guarda. Você deve fazer uma carta a seu Anjo, contando a ele seu problema e pedindo a melhor orientação possível no momento, pedindo que a solução desse problema seja enviada para o bem de todas as pessoas envolvidas.

Você dobra sua carta e deixa dentro da Bíblia durante sete dias (pode colocar junto ao salmo de seu Anjo, ou junto ao salmo 91, que é o mais esotérico de todos os salmos). Depois desses sete dias, você pega essa carta, queima e assopra as cinzas para os Anjos. Pode confiar no seu Anjo da guarda que a melhor inspiração virá, com certeza.

II — Invocações Diárias: É outra forma de pedirmos e termos os Anjos sempre por perto. Habitue-se a chamar os Anjos, rezar para eles. Todas as manhãs, antes de começar seu dia, diga bom-dia ao seu Anjo da guarda; à noite, ao encerrar seu dia, faça as mesmas invocações, agradecendo a ele. Estar junto dos Anjos vai mudar sua vida toda para melhor.

III — Mentalização ou Meditação: Propicia um relaxamento da mente e facilita as visualizações e o recebimento de orientações, inspirações e mensagens.

IV — Estar no campo, na praia, ao ar livre e em paz com você e com o mundo também é uma ótima forma de se harmonizar, invocar, visualizar ou até conversar com seu Anjo. Experimente.

V — Dançar, cantar, praticar esportes ou até mesmo trabalhar são formas que várias pessoas já encontraram para melhor se comunicarem com seus Anjos.

VI — Nós, particularmente, gostamos muito de andar em locais tranqüilos para obter nossas melhores inspirações ou "dicas" dos Anjos. Não falha.

VII — Visualize o sucesso de seus planos no presente. Visualize sempre seus planos já realizados. Visualize o que desejar, que os Anjos farão seus sonhos se tornarem realidade.

Mas, como já foi dito, você pode não gostar, ou não se adaptar a nenhuma dessas técnicas e criar uma forma simples e só sua. Esse é o seu caminho.

Uma forma segura de trabalharmos com o mundo angelical é sabermos que os Anjos são seres de luz e, como tais, são muito simples; eles não exigem nada de você, além de um coração puro, generoso e alegre. Tudo que tiver muita exigência não pertence ao mundo angelical, porque os Anjos são simples, alegres e livres.

Como Invocar os Anjos

Todos perguntam como devemos fazer para pedir ajuda aos Anjos. Muito simples. As preces que fazemos para invocar os diferentes tipos de Anjos são os salmos de Davi. Além de serem um canal de comunicação com os Anjos, esses salmos podem nos ajudar a resolver problemas relacionados à saúde, dinheiro, paz, amor, felicidade e outros. Além de pedir o auxílio do seu próprio Anjo, você pode também invocar qualquer um dos 72 guardiães para socorrê-lo em qualquer situação que necessitar. Para isso, é preciso verificar qual o salmo que está relacionado ao seu problema.

Os salmos de Davi formam um dos mais belos livros que a Bíblia contém. Davi ofereceu à humanidade 150 salmos que expressam simbolicamente a verdade. Recitando esses salmos, praticamos a divina medicina, que vem de Deus, e que cura todos os males do corpo, da mente e do espírito.

Há salmos para curar, exaltar, defender, proteger, invocar, adquirir, abrandar, etc. Isso do ponto de vista físico. Do ponto de vista espiritual, eles realmente são um grande antídoto contra todos os males. Sendo os salmos uma medicina espiritual, se nos habituarmos a recitá-los diariamente, deixaremos a pouco e pouco de sermos doentes do corpo, da mente e do espírito. Comprove.

A partir de uma palavra sagrada e dos salmos de Davi, os cabalistas hebreus revelam o nome e o poder divino dos 72 gênios ou Anjos que regem o universo e inspiram as ações criadoras de cada homem.

Com o auxílio das tabelas, podemos descobrir o Anjo que beneficia cada pessoa na Terra. Para isso basta saber o dia e o mês de sua data de nascimento.

Exemplo: 23/3

Analisando o Quadro I, veja que essa data refere-se ao 4º gênio. Passe para o Quadro II e procure o quarto gênio ou Anjo. Assim: Elemiah — este é o nome do seu Anjo da guarda. Já pensou em poder dizer bom-dia a seu Anjo chamando-o pelo nome?

Os Anjos estão aí para nos ajudar. Trabalhe com o mundo angelical e torne-se um ser humano maior e melhor.

QUADRO I
OS 72 ANJOS OU GÊNIOS CABALÍSTICOS

1º Anjo:	20/03	01/06	13/08	25/10	06/01
2º Anjo:	21/03	02/06	14/08	26/10	07/01
3º Anjo:	22/03	03/06	15/08	27/10	08/01
4º Anjo:	23/03	04/06	16/08	28/10	09/01
5º Anjo:	24/03	05/06	17/08	29/10	10/01
6º Anjo:	25/03	06/06	18/08	30/10	11/01
7º Anjo:	26/03	07/06	19/08	31/10	12/01
8º Anjo:	27/03	08/06	20/08	01/11	13/01
9º Anjo:	28/03	09/06	21/08	02/11	14/01
10º Anjo:	29/03	10/06	22/08	03/11	15/01
11º Anjo:	30/03	11/06	23/08	04/11	16/01
12º Anjo:	31/03	12/06	24/08	05/11	17/01
13º Anjo:	01/04	13/06	25/08	06/11	18/01
14º Anjo:	02/04	14/06	26/08	07/11	19/01
15º Anjo:	03/04	15/06	27/08	08/11	20/01
16º Anjo:	04/04	16/06	28/08	09/11	21/01
17º Anjo:	05/04	17/06	29/08	10/11	22/01

18º Anjo:	06/04	18/06	30/08	11/11	23/01
19º Anjo:	07/04	19/06	31/08	12/11	24/01
20º Anjo:	08/04	20/06	01/09	13/11	25/01
21º Anjo:	09/04	21/06	02/09	14/11	26/01
22º Anjo:	10/04	22/06	03/09	15/11	27/01
23º Anjo:	11/04	23/06	04/09	16/11	28/01
24º Anjo:	12/04	24/06	05/09	17/11	29/01
25º Anjo:	13/04	25/06	06/09	18/11	30/01
26º Anjo:	14/04	26/06	07/09	19/11	31/01
27º Anjo:	15/04	27/06	08/09	20/11	01/02
28º Anjo:	16/04	28/06	09/09	21/11	02/02
29º Anjo:	17/04	29/06	10/09	22/11	03/02
30º Anjo:	18/04	30/06	11/09	23/11	04/02
31º Anjo:	19/04	01/07	12/09	24/11	05/02
32º Anjo:	20/04	02/07	13/09	25/11	06/02
33º Anjo:	21/04	03/07	14/09	26/11	07/02
34º Anjo:	22/04	04/07	15/09	27/11	08/02
35º Anjo:	23/04	05/07	16/09	28/11	09/02
36º Anjo:	24/04	06/07	17/09	29/11	10/02
37º Anjo:	25/04	07/07	18/09	30/11	11/02
38º Anjo:	26/04	08/07	19/09	01/12	12/02
39º Anjo:	27/04	09/07	20/09	02/12	13/02
40º Anjo:	28/04	10/07	21/09	03/12	14/02
41º Anjo:	29/04	11/07	22/09	04/12	15/02
42º Anjo:	30/04	12/07	23/09	05/12	16/02

43º Anjo:	01/05	13/07	24/09	06/12	17/02
44º Anjo:	02/05	14/07	25/09	07/12	18/02
45º Anjo:	03/05	15/07	26/09	08/12	19/02
46º Anjo:	04/05	16/07	27/09	09/12	20/02
47º Anjo:	05/05	17/07	28/09	10/12	21/02
48º Anjo:	06/05	18/07	29/09	11/12	22/02
49º Anjo:	07/05	19/07	30/09	12/12	23/02
50º Anjo:	08/05	20/07	01/10	13/12	24/02
51º Anjo:	09/05	21/07	02/10	14/12	25/02
52º Anjo:	10/05	22/07	03/10	15/12	26/02
53º Anjo:	11/05	23/07	04/10	16/12	27/02
54º Anjo:	12/05	24/07	05/10	17/12	28/02
55º Anjo:	13/05	25/07	06/10	18/12	01/03
56º Anjo:	14/05	26/07	07/10	19/12	02/03
57º Anjo:	15/05	27/07	08/10	20/12	03/03
58º Anjo:	16/05	28/07	09/10	21/12	04/03
59º Anjo:	17/05	29/07	10/10	22/12	05/03
60º Anjo:	18/05	30/07	11/10	23/12	06/03
61º Anjo:	19/05	31/07	12/10	24/12	07/03
62º Anjo:	20/05	01/08	13/10	25/12	08/03
63º Anjo:	21/05	02/08	14/10	26/12	09/03
64º Anjo:	22/05	03/08	15/10	27/12	10/03
65º Anjo:	23/05	04/08	16/10	28/12	11/03
66º Anjo:	24/05	05/08	17/10	29/12	12/03
67º Anjo:	25/05	06/08	18/10	30/12	13/03

68º Anjo:	26/05	07/08	19/10	31/12	14/03
69º Anjo:	27/05	08/08	20/10	01/01	15/03
70º Anjo:	28/05	09/08	21/10	02/01	16/03
71º Anjo:	29/05	10/08	22/10	03/01	17/03
72º Anjo:	30/05	11/08	23/10	04/01	18/03

Obs.: Para os nascidos em anos bissextos, o Anjo para o dia 29 é o mesmo do dia 28.

CINCO DIAS MUITO ESPECIAIS

Dos 365 dias que compõem o ano, 360 já estão consagrados aos 72 Anjos. Os cinco dias restantes — **19 de março, 31 de maio, 12 de agosto, 5 de janeiro** e **24 de outubro** — eram comumente atribuídos pelos magos egípcios e persas aos "Epagômenos", divindades que comandam o éter, o ar, o fogo, a terra e a água, respectivamente. Quem nasce sob tais influências nunca deve se sujeitar a nada que contrarie seu elevado senso moral. Sua alma já é muito antiga, e o carma que lhe cabe é o de combater a impureza, a ignorância e a libertinagem.

19 de março — Regido por Sekmet, uma deusa guerreira, ligada ao éter, que propicia força, magnetismo, organização, dinamismo e senso de dever. Oposto: impulsividade, egoísmo, violência e infidelidade no amor.

31 de maio — É governado por Tot, senhor da palavra, criador da fala e da escrita, favorece a busca de inovações, as atividades intelectuais e a pesquisa. Seu elemento é o ar. Oposto: duplicidade de natureza, nervosismo, preguiça e volubilidade.

12 de agosto — Sua divindade é Rá, que tem como elemento o fogo e favorece a extroversão, a energia, o poder e a superação de obstáculos. Oposto: depressão, estagnação, abuso de poder e inconformismo.

5 de janeiro — Seu governante é Anúbis, que rege as forças da Terra, proporciona inteligência aguda, paciência, facilidade de expressão, perseverança e senso de justiça. Oposto: impaciência, intolerância, orgulho exagerado e egoísmo.

24 de outubro — Regido por Osíris, o deus da renovação, que comanda a influência da água. Quem nasceu neste dia é dotado de grande emotividade, persistência, intuição e força de vontade. Oposto: Ciúme excessivo, desconfiança e prática de magia negra.

QUADRO II
ESTUDO DOS 72 ANJOS
OU GÊNIOS CABALÍSTICOS
E RESPECTIVOS SALMOS

1º VEHUIAH
Deus elevado e exaltado acima de todas as coisas.
Auxilia na realização de trabalhos difíceis, estimula o amor e concede sagacidade. Oposto: agressão e turbulência.
Planeta: Marte
Horário: 0h a 0h20
Salmo: 3
Dias: 20/3, 31/5, 11/8, 22/10 e 2/1

2º JELIEL
Deus que socorre.
Ajuda a vencer as injustiças, proporciona jovialidade e simpatia, restabelece a paz conjugal. Oposto: estimula o que é prejudicial.
Planeta: Júpiter
Horário: 0h20 a 0h40

Salmo: 21
Dias: 21/3, 01/6, 12/8, 23/10 e 03/1

3º SITAEL
Deus, a esperança de todas as criaturas.
Combate adversidades, protege contra os assaltos, o erro e a mentira, ajuda a manter o apoio de pessoas influentes. Oposto: hipocrisia e ingratidão.
Planeta: Sol
Horário: 0h40 a 1h
Salmo: 90
Dias: 22/3, 02/6, 13/8, 24/10 e 04/1

4º ELEMIAH
Deus oculto.
Protege as viagens e afasta as traições, os maus espíritos e os tormentos da alma. Oposto: leva a descobertas perigosas e retarda os negócios.
Planeta: Mercúrio
Horário: 1h a 1h20
Salmo: 6
Dias: 23/3, 03/6, 14/8, 25/10 e 05/1

5º MAHASIAH
Deus salvador.
Favorece a ciência, a filosofia, as artes e o conhecimento oculto. Contribui para a paz e a

harmonia nos relacionamentos. Oposto: ignorância e libertinagem.
Planeta: Vênus
Horário: 1h20 a 1h40
Salmo: 33
Dias: 24/3, 04/6, 15/8, 26/10 e 06/1

6º LELAHEL
Deus louvável.
Tem dons curativos, atrai o amor, a fama e a riqueza, faz aflorar as vocações interiores. Oposto: ambição, orgulho e desonestidade.
Planeta: Sol
Horário: 1h40 a 2h
Salmo: 9
Dias: 25/3, 05/6, 16/8, 27/10 e 07/1

7º ACHAIAH
Deus bom e paciente.
Ajuda a acalmar, favorece a atuação profissional e a tomada de decisões difíceis. Oposto: preguiça e negligência.
Planeta: Mercúrio
Horário: 2h a 2h20
Salmo: 102
Dias: 26/3, 06/6, 17/8, 28/10 e 08/1

8º CAHETHEL
Deus adorável.
Purifica os ambientes, aumenta a fé, favorece a agricultura e propicia a fartura. Oposto: epidemias em animais e pragas na lavoura.
Planeta: Saturno
Horário: 2h20 a 2h40
Salmo: 95
Dias: 27/3, 07/6, 18/8, 29/10 e 09/1

9º HAZIEL
Deus de misericórdia.
Estimula a reconciliação e facilita a obtenção de proteção e de favores. Faz aflorar a boa-fé e a religiosidade. Oposto: rancor e descrença.
Planeta: Lua
Horário: 2h40 a 3h
Salmo: 24
Dias: 28/3, 08/6, 19/8, 30/10 e 10/1

10º ALADIAH
Deus propício
Concede vida longa, auxilia nas curas, harmoniza as associações e ajuda a manter situações em segredo. Oposto: doenças e maus negócios.
Planeta: Júpiter
Horário: 3h a 3h20

Salmo: 32
Dias: 29/3, 09/6, 20/8, 31/10 e 11/1

11º LAOVIAH
Deus louvado e exaltado.
Protege contra as adversidades, destaca o talento e a popularidade individual, concede sabedoria e celebridade. Oposto: ciúme, orgulho e calúnia.
Planeta: Saturno
Horário: 3h20 e 3h40
Salmo: 17
Dias: 30/3, 10/6, 21/8, 01/11 e 12/1

12º HAHAIAH
Deus refúgio.
Ajuda na compreensão de mistérios profundos, faz revelações por meio de sonhos, estimula a espiritualidade, a discrição e a moderação. Oposto: indiscrição e abuso de confiança.
Planeta: Netuno
Horário: 3h40 a 4h
Salmo: 9
Dias: 31/3, 11/6, 22/8, 02/11 e 13/1

13º IEZALEL
Deus glorificado sobre todas as coisas.

Facilita o aprendizado, as amizades, a compreensão do próximo e a fidelidade conjugal. Oposto: erro e mentira.
Planeta: Saturno
Horário: 4h a 4h20
Salmo: 97
Dias: 01/4, 12/6, 23/8, 03/11 e 14/1

14º MEBAHEL
Deus conservador.
Governa a justiça, a liberdade, a compreensão dos direitos alheios e a prática da advocacia. Livra das calúnias, da opressão e do enclausuramento. Oposto: falso testemunho e calúnias.
Planeta: Júpiter
Horário: 4h20 a 4h40
Salmo: 9
Dias: 02/4, 13/6, 24/8, 4/11 e 15/1

15º HARIEL
Deus criador.
Favorece a disciplina e a vida religiosa, faz brotar bons sentimentos e renova a esperança. Oposto: fanatismo.
Planeta: Marte
Horário: 4h40 a 5h

Salmo: 93
Dias: 03/4, 14/6, 25/8, 05/11 e 16/1

16º HAKAMIAH
Deus que constrói o universo.
Protege as atividades militares, as instituições sociais, a verdade e a lei. Oposto: revoltas e traições.
Planeta: Marte
Horário: 5h a 5h20
Salmo: 87
Dias: 04/4, 15/6, 26/8, 06/11 e 17/1

17º LAUVIAH
Deus admirado.
Combate a tristeza, a depressão e a intranqüilidade. Inspira os artistas e a expressão verbal. Oposto: descrença.
Planeta: Sol
Horário: 5h20 a 5h40
Salmo: 8
Dias: 05/4, 16/6, 27/8, 07/11 e 18/1

18º CALIEL
Deus pronto a acolher.
Promove o triunfo da integridade, da verdade e da inocência, desmascara os inimigos e socorre nas aflições. Oposto: escândalos, intrigas e negociatas.

Planeta: Mercúrio
Horário: 5h40 a 6h
Salmo: 7
Dias: 06/4, 17/6, 28/8, 08/11 e 19/1

19º LEUVIAH
Deus que acolhe os pecadores.
Dá forças para suportar as adversidades, conserva a jovialidade, a modéstia e a amabilidade, proporciona boa memória. Oposto: desobediência, deboche e desespero.
Planeta: Vênus
Horário: 6h a 6h20
Salmo: 39
Dias: 07/4, 18/6, 29/8, 09/11 e 20/1

20º PAHALIAH
Deus redentor.
Reforça a fé, propicia força moral e faz aflorar a vocação religiosa. Oposto: Libertinagem.
Planeta: Lua
Horário: 6h20 a 6h40
Salmo: 119
Dias: 08/4, 19/6, 30/8, 10/11 e 21/1

21º NEICHAEL
Deus só e único.

Favorece os estudos ligados à matemática, à geografia e aos astros, além de anular as influências negativas. Oposto: ignorância e preconceitos.
Planeta: Mercúrio
Horário: 6h40 a 7h
Salmo: 30
Dias: 09/4, 20/6, 31/8, 11/11 e 22/1

22º IEIAIEL
A justiça de Deus.
Protege contra naufrágios e tempestades, ajuda a ser bem-sucedido no comércio e a conseguir estabilidade financeira. Oposto: opressão.
Planeta: Mercúrio
Horário: 7h a 7h20
Salmo: 120
Dias: 10/4, 21/6, 01/9, 12/11 e 23/1

23º MELAHEL
Deus que livra dos males.
Proporciona ousadia e grandiosidade, favorece o cultivo e a descoberta de plantas medicinais, protege contra acidentes com armas brancas. Oposto: epidemias e pragas.
Planeta: Lua

Horário: 7h20 a 7h40
Salmo: 120
Dias: 11/4, 22/6, 02/9, 13/11 e 24/1

24º HAHIUIAH
Deus bom por si mesmo.
Concede a graça e a misericórdia divinas, conforta os exilados e prisioneiros, afasta a violência. Oposto: ações ilícitas.
Planeta: Vênus
Horário: 7h40 a 8h
Salmo: 32
Dias: 12/4, 23/6, 03/9, 14/11 e 25/1

25º NITH-HAIAH
Deus que dá a sabedoria.
Revela as verdades ocultas, facilita as investigações e as descobertas, dá sabedoria. Oposto: magia negra.
Planeta: Saturno
Horário: 8h a 8h20
Salmo: 9
Dias: 13/4, 24/6, 04/9, 15/11 e 26/1

26º HAAIAH
Deus oculto.
É um agente da paz, que protege a política, a comunicação e a harmonia entre os povos. Oposto: conspirações.

Planeta: Lua
Horário: 8h20 a 8h40
Salmo: 118
Dias: 14/4, 25/6, 05/9, 16/11 e 27/1

27º IERATHEL
Deus punidor dos maus.
Garante justiça e anula provocações. Também favorece as atividades mentais, principalmente aquelas ligadas à ciência e às artes. Oposto: intolerância.
Planeta: Saturno
Horário: 8h40 a 9h
Salmo: 139
Dias: 15/4, 26/6, 06/9, 17/11 e 28/1

28º SÉHEIAH
Deus que cura os doentes.
Estimula a prudência, livra das catástrofes naturais, proporciona longevidade e sorte.
Oposto: catástrofes.
Planeta: Júpiter
Horário: 9h a 9h20
Salmo: 70
Dias: 16/4, 27/6, 07/9, 18/11 e 29/1

29º REIIEL
Deus pronto a socorrer.

Destrói a impunidade e a corrupção, afasta inimigos, faz a verdade prevalecer. Oposto: hipocrisia e fanatismo.
Planeta: Marte
Horário: 9h20 a 9h40
Salmo: 53
Dias: 17/4, 28/6, 08/9, 19/11 e 30/1

30º OMAEL
Deus paciente.
Combate as tristezas e amarguras, favorece a fertilidade, protege as ciências bioquímicas. Oposto: produz monstruosidades.
Planeta: Sol
Horário: 9h40 a 10h
Salmo: 70
Dias: 18/4, 29/6, 09/9, 20/11 e 31/1

31º LECABEL
Deus que inspira.
Orienta na tomada de decisões, reforça a generosidade, ajuda nos estudos da astronomia, da geometria e da meteorologia, influi sobre o clima. Oposto: avareza e desequilíbrios na natureza.
Planeta: Sol
Horário: 10h a 10h20

Salmo: 70
Dias: 19/4, 30/6, 10/9, 21/11 e 01/2

32º VASSARIAH
Deus justo.
Detém o ataque dos inimigos e as calúnias, fortalece a memória e facilita a expressão em público. Oposto: más qualidades do corpo e da alma.
Planeta: Mercúrio
Horário: 10h20 a 10h40
Salmo: 32
Dias: 20/4, 01/7, 11/9, 22/11 e 02/2

33º IEHUIAH
Deus conhecedor de todas as coisas.
Facilita o aprendizado, revela traidores e situações escusas, favorece a franqueza. Oposto: revolta.
Planeta: Lua
Horário: 10h40 a 11h
Salmo: 33
Dias: 21/4, 02/7, 12/9, 23/11 e 03/2

34º LEHAHIAH
Deus clemente.
Protege todos aqueles que ocupam posição de liderança, estimula a confiança, a fé e a pa-

ciência, proporciona clareza de expressão.
Oposto: discórdia, guerra e ruína.
Planeta: Saturno
Horário: 11h a 11h20
Salmo: 130
Dias: 22/4, 03/7, 13/9, 24/11 e 04/2

35º CHAVAKIAH
Deus que dá a alegria.
É o guardião da família, promovendo harmonia entre os seus membros. Resolve problemas de partilhas e heranças, e torna o trabalho compensador. Oposto: injustiças e desarmonia.
Planeta: Mercúrio
Horário: 11h20 a 11h40
Salmo: 114
Dias: 23/4, 04/7, 14/9, 25/11 e 05/2

36º MENADEL
Deus adorável.
Ajuda os exilados a voltarem às suas terras, facilita a localização de pessoas desaparecidas e ajuda a encontrar objetos perdidos. Oposto: fugas.
Planeta: Marte
Horário: 11h40 a 12h

Salmo: 25
Dias: 24/4, 05/7, 15/9, 26/11 e 06/2

37º ANIEL
Deus nas virtudes.
Inspira e revela os segredos da natureza, concede sabedoria e talento nas ciências e nas artes e ajuda na obtenção de vitórias e lucros. Oposto: perversidade e charlatanismo.
Planeta: Lua
Horário: 12h a 12h20
Salmo: 79
Dias: 25/4, 06/7, 16/9, 27/11 e 07/2

38º HAAMIAH
Deus, a esperança de todos os filhos da Terra. Anula as influências maléficas, as fraudes, a mentira e a violência. Governa os cultos religiosos. Oposto: falsidade.
Planeta: Saturno
Horário: 12h20 a 12h40
Salmo: 90
Dias: 26/4, 07/7, 17/9, 28/11 e 08/2

39º REHAEL
Deus que acolhe os pecadores.

Protege a saúde, facilita o entendimento entre pais e filhos, promovendo o respeito mútuo. Oposto: esterilidade e tirania.
Planeta: Saturno
Horário: 12h40 a 13h
Salmo: 29
Dias: 27/4, 08/7, 18/9, 29/11 e 09/2

40º IEIAZEL
Deus que dá alegria.
Elimina as situações de opressão e de negatividade, favorece tudo o que se relaciona a livros, estimula escritores e jornalistas. Oposto: isolamento e melancolia.
Planeta: Mercúrio
Horário: 13h a 13h20
Salmo: 87
Dias: 28/4, 09/7, 19/9, 30/11 e 10/2

41º HAHAHEL
Deus em três pessoas.
Protege as missões religiosas e as atividades filantrópicas, proporciona grandeza de alma e coragem para enfrentar castigos corporais.
Oposto: negligência e descrença.
Planeta: Júpiter
Horário: 13h20 a 13h40

Salmo: 119
Dias: 29/4, 10/7, 20/9, 01/12 e 11/2

42º MIKAEL
Virtude de Deus, casa de Deus, semelhante a Deus.
Desvenda conspirações, combate a corrupção, favorece o exercício da política e da diplomacia. Oposto: malevolência.
Planeta: Mercúrio
Horário: 13h40 a 14h
Salmo: 120
Dias: 30/4, 11/7, 21/9, 02/12 e 12/2

43º VEUALIAH
Rei dominador.
Protege os militares, livra dos inimigos, conduz à paz e à prosperidade. Oposto: discórdia e rivalidades.
Planeta: Marte
Horário: 14h a 14h20
Salmo: 87
Dias: 01/5, 12/7, 22/9, 03/12 e 13/2

44º IELEHIAH
Deus eterno.
Concede benefícios nos empreendimentos e processos, protege os magistrados, favorece

as viagens, a honra e a fama. Oposto: guerras.
Planeta: Mercúrio
Horário: 14h20 a 14h40
Salmo: 118
Dias: 02/5, 13/7, 23/9, 04/12 e 14/2

45º SEALIAH
Motor de todas as coisas.
Estimula os estudos, supera humilhações, proporciona vida e saúde a tudo que respira. Oposto: bruscas mudanças climáticas.
Planeta: Sol
Horário: 14h40 a 15h
Salmo: 93
Dias: 03/5, 14/7, 24/9, 05/12 e 15/2

46º ARIEL
Deus revelador.
Revela em sonhos o paradeiro de pessoas e objetos desaparecidos, estimula as atitudes discretas e as idéias inovadoras. Oposto: conturbações espirituais.
Planeta: Saturno
Horário: 15h a 15h20
Salmo: 144
Dias: 04/5, 15/7, 25/9, 06/12 e 16/2

47º ASALIAH
Deus justo que indica a verdade.
Ilumina, faz compreender as ciências secretas e mostra a verdade. Oposto: imoralidade e escândalo.
Planeta: Vênus
Horário: 15h20 a 15h40
Salmo: 104
Dias: 05/5, 16/7, 26/9, 07/12 e 17/2

48º MIHAEL
Deus, pai que socorre.
Favorece o amor, a paz conjugal, os passeios e as diversões íntimas. Concede inspirações e pressentimentos sobre tudo o que se vai alcançar. Oposto: luxo e orgulho.
Planeta: Vênus
Horário: 15h40 a 16h
Salmo: 97
Dias: 06/5, 17/7, 27/9, 08/12 e 18/2

49º VEHUEL
Deus grande e elevado.
Consola nos momentos de desgosto, apazigua as contrariedades, dá sensibilidade e generosidade. Oposto: egoísmo, hipocrisia e ira.
Planeta: Mercúrio
Horário: 16h a 16h20

Salmo: 144
Dias: 07/5, 18/7, 28/9, 09/12 e 19/2

50º DANIEL
O signo das misericórdias, o Anjo das confissões. Ajuda em negociações, aumenta a segurança e a determinação pessoais. Oposto: ócio e oportunismo.
Planeta: Lua
Horário: 16h20 a 16h40
Salmo: 102 e 103
Dias: 08/5, 19/7, 29/9 10/12 e 20/2

51º HAHASIAH
Deus oculto.
Eleva o espírito, conectando-o com a sabedoria e a força divina. Traz revelações sobre magia, práticas terapêuticas e também sobre as propriedades e as virtudes relacionadas a cada animal e planta. Oposto: abuso.
Planeta: Lua
Horário: 16h40 a 17h
Salmo: 103
Dias: 09/5, 20/7, 30/9, 11/12 e 21/2

52º IMAMIAH
Deus acima de todas as coisas.
Fortalece a pessoa diante dos seus adversá-

rios, ajuda a obter liberdade e independência de vida, protege no trabalho e conserva a paciência. Oposto: maldade e blasfêmia.
Planeta: Júpiter
Horário: 17h a 17h20
Salmo: 7
Dias: 10/5, 21/7, 01/10, 12/12 e 22/2

53º NANAEL
Deus que humilha os orgulhosos.
Favorece os trabalhos secretos, as ciências ocultas, a concentração e tudo que exija atenção aos detalhes. Oposto: ignorância.
Planeta: Saturno
Horário: 17h20 a 17h40
Salmo: 118
Dias: 11/5, 22/7, 02/10, 13/12 e 23/2

54º NITHEL
Rei dos céus.
Ajuda a conservar a reputação e a conquistar o reconhecimento do público. Conserva a saúde e favorece os governantes. Oposto: desordens públicas.
Planeta: Júpiter
Horário: 17h40 a 18h
Salmo: 102
Dias: 12/5, 23/7, 03/10, 14/12 e 24/2

55º MEBAHIAH
Deus eterno.
Estimula a fertilidade, desenvolve a compreensão, atrai as energias benéficas e favorece e religiosidade. Oposto: governa todos os vícios.
Planeta: Júpiter
Horário: 18h a 18h20
Salmo: 101
Dias: 13/5, 24/7, 04/10, 15/12 e 25/2

56º POIEL
Deus que sustenta o universo.
Concede bom humor, alegra os ambientes, facilita a tomada de decisões e a obtenção de ganhos estáveis. Oposto: ambição, esquizofrenia e paranóia.
Planeta: Sol
Horário: 18h20 a 18h40
Salmo: 144
Dias: 14/5, 25/7, 05/10, 16/12 e 26/2

57º NEMAMIAH
Deus louvável.
Melhora a relação entre líderes e subalternos, propicia vigor físico, coragem e prosperidade. Oposto: traição e preguiça.
Planeta: Marte

Horário: 18h40 a 19h
Salmo: 113
Dias: 15/5, 26/7, 06/10, 17/12 e 27/2

58º IEIALEL
Deus que acolhe as gerações.
Estimula a poesia, a música e as artes, combate a tristeza, dá energias vigorosas e paixão, cura os males da visão. Oposto: homicídio.
Planeta: Marte
Horário: 19h a 19h20
Salmo: 6
Dias: 16/5, 27/7, 07/10, 18/12 e 28/2

59º HARAHEL
Deus conhecedor de todas as coisas.
Torna as crianças obedientes e disciplinadas, favorece as transações de câmbio, permite a obtenção de lucro no comércio de livros e combate a esterilidade. Oposto: falência e ruína.
Planeta: Marte
Horário: 19h20 a 19h40
Salmo: 112
Dias: 17/5, 28/7, 08/10, 19/12 e 01/3

60º MITZRAEL
Deus que conforta os oprimidos.

Afasta as aflições do espírito, livra dos perseguidores e ajuda a conservar a proteção de pessoas influentes e poderosas. Oposto: rebeldia.
Planeta: Lua
Horário: 19h40 a 20h
Salmo: 144
Dias: 18/5, 29/7, 09/10, 20/12 e 02/3

61º UMABEL
Deus acima de todas as coisas.
Dá intuição para perceber melhor as intenções e sentimentos alheios, favorece as amizades, protege nas viagens e nos prazeres, ajuda a desvendar os mistérios do espaço celeste. Oposto: vícios e destruição.
Planeta: Vênus
Horário: 20h a 20h20
Salmo: 112
Dias: 19/5, 30/7, 10/10, 21/12 e 03/3

62º IAH-HEL
Ser supremo.
Traz tranqüilidade e sabedoria, protege todos os que se dedicam à filosofia e à religião. Oposto: desunião.
Planeta: Saturno

Horário: 20h20 a 20h40
Salmo: 118
Dias: 20/5, 31/7, 11/10, 22/12 e 04/3

63º ANAUEL
Deus infinitamente bom.
Favorece a aceitação de idéias e projetos novos, proporciona otimismo, afasta o risco de acidentes automobilísticos e estimula os negócios. Oposto: desequilíbrio mental.
Planeta: Mercúrio
Horário: 20h40 a 21h
Salmo: 2
Dias: 21/5, 01/8, 12/10, 23/12 e 05/3

64º MEHIEL
Deus vivificador.
Promove a fraternidade, afasta as adversidades e aumenta a capacidade de expressão, facilitando a oratória, o magistério e o jornalismo. Oposto: falsidades, críticas e intrigas.
Planeta: Mercúrio
Horário: 21h a 21h20
Salmo; 32
Dias: 22/5, 02/8, 13/10, 24/12 e 06/3

65º DAMABIAH
Deus, fonte de sabedoria.

Propicia sucesso em todos os empreendimentos, protege as atividades portuárias, a marinha e as pessoas que exercem trabalhos relacionados ao mar. Oposto: tempestades e naufrágios.
Planeta: Lua
Horário: 21h20 a 21h40
Salmo: 89
Dias: 23/5, 03/8, 14/10, 25/12 e 07/3

66º MANAKEL
Deus que secunda e mantém todas as coisas. Controla e acalma os nervos, favorece o tratamento da epilepsia e dos males relacionados ao sono. Oposto: prejuízos ao corpo e à alma.
Planeta: Netuno
Horário: 21h40 a 22h
Salmo: 37
Dias: 24/5, 04/8, 15/10, 26/12 e 08/3

67º EIAEL
Deus, delícia das crianças.
Revela as verdades e socorre em momentos de angústia e necessidade, ajuda nos estudos da alta ciência e concede distinção. Oposto: preconceito.

Planeta: Saturno
Horário: 22h a 22h20
Salmo: 36
Dias: 25/5, 05/8, 16/10, 27/12 e 09/3

68º HABUHIAH
Deus generoso.
É ligado ao campo e à fecundidade da Terra, protege os agricultores. Oposto: esterilidade e pestes de insetos.
Planeta: Lua
Horário: 22h20 a 22h40
Salmo: 105
Dias: 26/5, 06/8, 17/10, 28/12 e 10/3

69º ROCHEL
Deus que tudo vê.
Conserva as tradições dos povos antigos, faz os traidores se denunciarem, revela a localização de objetos e documentos perdidos. Oposto: prejuízos.
Planeta: Júpiter
Horário: 22h40 a 23h
Salmo: 15
Dias: 27/5, 07/8, 18/10, 29/12 e 11/13

70º JABAMIAH
Verbo que produz todas as coisas.

Dá forças a quem deseja superar seus aspectos negativos, governa os fenômenos da natureza, restabelece a harmonia no trabalho e no lar. Oposto: enganos e falta de fé.
Planeta: Sol
Horário: 23h a 23h20
Salmo: o primeiro versículo do Gênese: "No início Deus criou o céu e a Terra..." (substituir pelo salmo 91)
Dias: 28/5, 08/8, 19/10, 30/12 e 12/3

71º HAIAIEL
Deus, senhor do universo.
Liberta os opressores, apazigua discórdias, protege contra as armas e o fogo, favorece trabalhos com metal. Oposto: discórdias, lutas e demandas.
Planeta: Marte
Horário: 23h20 a 23h40
Salmo: 108
Dias: 29/5, 09/8, 20/10, 31/12 e 13/3

72º MUMIAH
Ômega, o fim de todas as coisas.
Concede o sucesso, propicia os tratamentos médicos e cirúrgicos, favorece as ocupações

misteriosas e sigilosas. Oposto: desespero e suicídio.
Planeta: Netuno
Horário: 23h40 a 0h
Salmo: 114
Dias: 30/5, 10/8, 21/10, 01/1 e 14/3

Hierarquias Angelicais

Os 72 Anjos cabalísticos são divididos em nove grupos, cada um com oito Anjos, tendo suas funções específicas como se segue:

SERAFINS (do 1º ao 8º Anjo). Possuem poderes de purificação, iluminação e inspiração. Os que estão sob a sua proteção são pessoas maduras e sábias, com forte ligação com Deus. Pacientes e agradáveis, elas vivem em paz, amam a verdade e são muito intuitivas.

QUERUBINS (do 9º ao 16º Anjo). São responsáveis pela ordenação do caos universal, pela sabedoria e oferecem ao homem o conhecimento, as idéias. Os seus protegidos são sinceros e não guardam mágoas. Ótimos amigos, adoram reconciliar as pessoas.

TRONOS (do 17º ao 24º Anjo). Zelam pelo trono de Deus e oferecem ao homem o sentido da união. As pessoas nascidas sob a sua guarda têm afinidade com poesia e música e estão sempre dispostas a ajudar. Também têm boa memória e são românticas.

DOMINAÇÕES (do 25º ao 32º Anjo). Aspiram a verdadeira soberania e têm como símbolos o cetro e a espada, que representam o poder divino sobre toda a criação. Despertam no homem a força para vencer o inimigo interior. Governam o universo, guardam os países. Espiritualmente elevadas, as pessoas cujos Anjos se enquadram nessa categoria gostam de viajar e de ficar sozinhas. Costumam ser excelentes políticos, escritores e jornalistas.

POTESTADES (do 33º ao 40º Anjo). São responsáveis pelas leis que governam o mundo físico e moral. Protegem a humanidade dos inimigos exteriores. São responsáveis pela ordem. Aparecem portando espadas flamejantes. Pessoas com Anjos desse grupo detestam ver o sofrimento alheio. Gostam de ler e da natureza. Geralmente são ótimos pais e patrões.

VIRTUDES (do 41º ao 48º Anjo). Influenciados pelo Sol, fazem com que os talentos se manifestem. São os Anjos que melhor interpretam a vontade de Deus. Trabalham com milagres. Oferecem ao homem discernimento. Apreciadores das artes, as pessoas protegidas por esses Anjos têm muita força espiritual.

PRINCIPADOS (do 49º ao 56º Anjo). Atuam sobre os governos, Estados e países terrenos. São eles que vigiam os líderes de todos os povos. Seus protegidos vivem em situações embaraçosas, mas têm facilidade para encontrar as saídas corretas. Costumam ter sorte no trabalho.

ARCANJOS (do 57º ao 64º Anjos). São os líderes entre os Anjos. Sua função é transmitir as mensagens divinas. Seu líder é o Arcanjo MIGUEL. As pessoas abençoadas pelos arcanjos costumam se sair muito bem como escritores e arquitetos. São religiosas e têm caráter irrepreensível.

ANJOS (do 65º ao 72º). Encarregam-se de orientar e influenciar os homens. São seres de luz responsáveis pelo desenvolvimento espiritual do ser humano. As pessoas sob seu domínio gostam de liberdade e do campo. Não têm apego ao dinheiro, são bem-humoradas, brincalhonas e muito inteligentes. Estão sempre prontas a fazer mudanças em suas vidas. Gostam de proteger os pobres e doentes.

Significado dos Principais Salmos

7 – Para descobrir a verdade.
9 – 21 – Nas doenças graves.
11 – Para fortalecer a autoconfiança.
12 – Contra doenças nervosas.
16 – Conhecer coisas ocultas; intuição; força.
17 – Para obter vitória nos esportes.
19 – Sorte (êxito nos projetos).
22 – Tira tristeza; resignação nas provações.
23 – Força.
26 – 11 – 147 – Contra roubos.
30 – Protege contra calúnia, feitiços, maus espíritos, promove a união nos lares (pais e filhos).
32 – Artistas, gosto pela música.
33 – Paciência.
36 – 16 – 101 – Para ter filhos.
62 – 64 – Pedindo chuva, fertilidade da terra e boa colheita.

67 – Prosperidade nas empresas.
70 – Cura.
72 – Para curar vícios.
74 – 4 – 36 – Para ganhar processo judicial.
90 – Casas mal-assombradas.
91 – Proteção (o salmo mais forte da Bíblia).
114 – Encontrar o parceiro ideal (amor).
118 – Encontrar emprego, montar seu próprio negócio.
71 – 121 – Prosperidade.
142 – Em situações difíceis no casamento.
150 – Louvor ao Senhor.

Obs.: Existem três salmos que, se forem recitados diariamente, harmonizam a pessoa com a espiritualidade, e o que ela necessitar com certeza virá. São os salmos:

30 – Limpa a aura.
23 – Força.
91 – Proteção.

Os salmos são orações fortes e poderosas. Habitue-se a rezá-los. Você perceberá notáveis e rápidas mudanças em sua vida.

Aprenda a Ancorar o seu Anjo da Guarda

Como já dissemos várias vezes, você pode pedir o que quiser ao seu Anjo. Mas no primeiro trabalho com o seu Anjo só deverão ser pedidos valores morais, como força, coragem, fé, otimismo, esperança, etc.

Nós fazemos esse trabalho usando a beleza e a magia das velas, com suas mais variadas cores que simbolicamente representam a necessidade da pessoa no momento. Cada cor está também ligada a um Arcanjo, que atua naquele raio de ação.

Na próxima página há uma tabela na qual você encontra a cor correspondente a cada Arcanjo que deverá ser invocado, o dia da semana correspondente e o raio de ação, ou seja, quando ou por que você deverá invocar esse Arcanjo.

QUADRO III

COR DA VELA	O QUE PEDIR	ARCANJO	DIA DA SEMANA
AZUL	proteção, força, poder, fé, vontade	MIGUEL	domingo
AMARELA	sabedoria, iluminação, percepção, intuição	JOFIEL	segunda
ROSA	amor, compreensão, entendimento	SAMUEL	terça
BRANCA	paz, calma, equilíbrio, harmonia, esperança	GABRIEL	quarta
VERDE	dedicação, abundância, verdade, cura	RAFAEL	quinta
RUBI	qualquer emergência	URIEL	sexta
VIOLETA	transmutação de energias, liberdade, perdão, purificação	EZEQUIEL	sábado

Informações Úteis

1. Para cada pedido a ser feito ao seu Anjo, você deverá fazer sete dias de prece respeitando o horário dele na Terra.

2. Tudo o que você pedir para seu Anjo ele lhe trará. Mas cuidado com seu pedido; saiba pedir.

3. Recite um salmo por vez. Quando o salmo é rezado, você está invocando a proteção de determinado Anjo.

4. Você deve fazer um pedido de cada vez.

5. Os dias marcados no Quadro II (Estudo dos 72 Anjos...) representam as passagens do Anjo na Terra. Aproveite estes dias para mentalizar coisas positivas.

6. Podem existir divergências de salmos de uma Bíblia para outra. Isso não importa, pois a egrégora é a mesma.

7. Você pode acender incensos ou velas; isso ajuda a mentalização e a invocação angelical.

8. Nos dias em que você for trabalhar com seu Anjo, não faça uso de cigarros nem de bebidas alcoólicas; isso é uma ofensa a seu Anjo cabalístico.

9. Ao "invocar", chame seu Anjo pelo nome, faça seu pedido e reze o salmo (ou vice-versa). A posição ajoelhada é a mais indicada, pois significa humildade.

10. Trabalhe com os Anjos. Eles lhe trarão *paz*, *alegria*, *otimismo* e muita *força*.

Limpeza Espiritual Junto dos Anjos

Existem várias formas de se fazer uma transmutação de energias, tanto no nosso corpo físico como nos nossos lares, escritórios, locais de trabalho, etc. Você vai conhecer agora três formas muito simples para que você possa retirar energias negativas do seu corpo ou de ambientes:

Purificação pela água: quando você sentir seu corpo cansado, pesado, basta colocar em uma vasilha sete punhados de sal (grosso ou de cozinha) e dissolver em água. Primeiro tome um bom banho de chuveiro, lavando até a cabeça, e durante esse banho invoque seu Anjo da guarda, mentalizando que com esse banho você está limpando não só seu corpo físico, mas também seu corpo mental e espiritual. Lembre-se da figura de Jesus Cristo no rio Jordão, uma passagem bíblica inesquecível.

Quando acabar esse banho, pegue a vasilha com água e sal e jogue por todo o seu corpo, do pescoço para baixo.

Após isso, enrole-se em uma toalha de cor clara, sem esfregá-la no corpo. Fique algum tempo em prece, pedindo força e proteção angelical. Pode ter a certeza de que depois disso você se sentirá ótimo.

Purificação pelo ar: uma ótima forma de purificar ambientes, transmutando energias negativas em positivas, é acendendo um incenso, tocando ou cantando mantras e músicas religiosas (como Davi fazia tocando sua harpa e cantando seus salmos de invocação e louvor ao Senhor). Orar em voz alta também é uma ótima forma de purificação. Pode ter a certeza de que com isso uma aura de equilíbrio, alegria e paz envolverá todo o ambiente.

Purificação pelo fogo: se você tiver um problema, escreva em um papel tudo o que você estiver passando, ou o que você quiser ver eliminado de sua vida. Após fazer uma prece e pedir ao seu Anjo que solucione aquilo para você, queime o papel e assopre as cinzas para os Anjos. Pode confiar que eles lhe auxiliarão da melhor forma possível.

Busque sua Força

A força de cada pessoa nunca pode estar depositada em outro ser humano, em lugares, em situações, em privilégios terrenos. Essas forças de que estamos falando são forças ilusórias, finitas e falíveis.

Enquanto o ser humano depositar fora de si próprio sua segurança, sua força ou sua felicidade, ele será sempre infeliz, insatisfeito e revoltado.

Nossa verdadeira força, nossa grande felicidade, nossa segurança diante da vida deve estar no "centro" do peito de cada um de nós, dentro de nós mesmos.

Devemos acender essa luz imensa que habita dentro de nós e se chama Deus, ou Luz Infinita, Poder Supremo, Pai Maior, ou como você preferir chamá-lo. Mas o mais importante é que você acenda essa chama e procure aumentá-la cada vez mais. Ela vai levá-lo sempre para os melhores caminhos.

Quando você estiver em situação de dúvida, conflitos, incertezas, tristeza, desilusão, não busque suas soluções fora; busque sempre dentro de você a melhor orientação para o caminho a seguir.

Em momentos de crise, pare um pouco, fique em silêncio e busque inspiração dentro de você mesmo, em contato com seu Eu superior, com a sua luz. Siga sempre sua intuição, porque a sua intuição são os Anjos falando com você. Quando você fizer isso, pode ter a certeza de que os Anjos estarão do seu lado e lhe darão a melhor orientação possível.

Confie na sua proteção espiritual, confie em Deus, mas acredite em você também. Vá à luta para defender seus ideais. Tenha fé e peça ajuda aos Anjos, que com certeza todos os seus projetos se realizarão.

Otimismo, Esperança, Fé e Ação — essa é a trilha do viajante a caminho da Luz.

Conduta Angelical

1. Comece e encerre seu dia com uma oração, uma lembrança, um pedido, ou ao menos uma palavra ao seu Anjo da guarda; isso vai auxiliá-lo a se harmonizar com a espiritualidade, com o mundo angelical; vai lhe trazer ânimo, esperança, coragem, e você ficará bem mais confiante por ter a certeza da presença da luz sempre ao seu lado.

2. Tudo o que você pedir ao seu Anjo, tenha sempre a *paciência* necessária para esperar que aconteça. Aja na Terra de forma a auxiliar os Anjos o máximo possível na concretização dos seus ideais. Não fique só em uma atitude contemplativa, só esperando soluções milagrosas vindas do céu. Faça sua parte também. Não se esqueça que o Mestre Jesus Cristo um dia disse: "Orai e vigiai."

3. É muito importante saber querer. Mas viver querendo tudo cada vez mais e mais é um absurdo. Muitas pessoas vivem eternamente insatisfeitas, pois sempre que atingem seus objetivos já estão querendo algo maior. Isso trará uma insatisfação muito grande, essas pessoas serão sempre ansiosas, nervosas, irritadas, insatisfeitas com a vida.

O mais importante é ter paz de espírito e essa paz de espírito deve ser alcançada a qualquer preço.

Aprenda a ser feliz.

4. Perdoe sempre. O maior beneficiado será sempre você. Lembre-se: toda vez que a atitude de alguém nos fere ou magoa, saiba que, antes de mais nada, nós repudiamos nos outros o que não gostamos em nós mesmos. Então, sem paixões alteradas, analise-se junto dos Anjos.

Faça uma revisão na sua vida e coloque em um papel tudo aquilo que você já fez que deu certo e proporcionou felicidade e bem-estar a todos.

Em outra lista, coloque tudo o que você já fez que não deu certo e que porventura possa ter magoado ou ofendido alguém, mesmo que inconscientemente.

Guarde junto de você a lista dos pontos positivos, para que possa relembrá-la sempre e continuar praticando os mesmos atos, para o seu bem e o de todos que o rodeiam.

A outra lista, dos pontos negativos, queime, para que com esse fogo você possa estar simbolicamente queimando esse tipo de atitude no seu inconsciente, para que esses procedimentos não se repitam nunca mais.

Melhore você mesmo antes de tudo. Perdoe a si mesmo, liberte-se do passado, de sentimentos de culpa, inferioridade, ódio, etc. Perdoe e liberte a si mesmo sempre, para que você consiga libertar e perdoar o próximo também.

Você sabe por que os Anjos voam? É porque não se prendem a nada de matéria, são leves, livres, soltos.

Perdoe sempre para que você possa caminhar para a Luz.

Auto-análise

Para o ser humano evoluir espiritualmente é necessário que ele faça diariamente uma auto-análise sincera, visando um auto-aperfeiçoamento, analisando-se junto dos Anjos, ou seja, tomando medidas e soluções angelicais, para que a cada dia ele se torne um ser humano maior e melhor.

Mas apenas melhorar a si próprio não basta. As pessoas só conseguirão ascender até a luz se conseguirem levar junto delas muitos outros. Não podemos jamais usar nossos conhecimentos em proveito próprio, de forma egoísta. Tudo deve ser passado, transmitido à humanidade, para que todos sejam beneficiados. O Mestre Jesus disse: "A lâmpada não deve jamais ser colocada debaixo da mesa, mas no alto, onde poderá iluminar e levar calor a muitos."

Devemos eliminar o egoísmo para sempre de nossas vidas. Só assim chegaremos a Deus, à luz, à paz.

Paz, meus amigos, não é nada ligado à monotonia, mas é uma luta constante de cada pessoa para se iluminar e com isso emitir, constantemente, raios de amor, fé e otimismo.

Arcanjos

Colocaremos a seguir alguns dos principais Arcanjos, conhecidos pelos seus trabalhos a favor da humanidade e da Terra.

Você também poderá invocar e pedir ajuda de qualquer um desses Arcanjos, se necessitar.

MIGUEL

A origem de seu nome é do hebraico *Mika'el*, que significa "Quem é Deus?"

Miguel é o príncipe das hostes celestiais. É o líder dos Arcanjos. É o braço direito de Deus. É o grande Arcanjo da fé e da proteção espiritual. É o protetor contra as forças malignas. Onde Miguel estiver, o mal jamais terá poder. Representa o correto, sendo o mestre do equilíbrio. É o Anjo capaz de livrar

as pessoas ou lugares da discórdia, da desarmonia e das forças do mal.

RAFAEL

Seu nome vem do hebraico *Rapha*, que significa "curar" e *El*, que significa "Deus". É o curador divino. É encarregado de curar a Terra e os seres humanos. É ele que dirige raios espirituais de cura para os hospitais, instituições e lares onde são necessários. É o Anjo do intelecto, da curiosidade e do conhecimento científico. É o guardião dos talentos criativos.

Em problemas de saúde você pode chamar o Arcanjo Rafael e pedir sua ajuda dizendo sete vezes o salmo 70 (salmo da cura) e pedindo o alívio e a cura para quem necessita.

GABRIEL

Seu nome vem do hebraico *Gebher*, que significa "homem" e *El*, que significa "Deus".

O Arcanjo Gabriel é o transmissor das boas-novas e um promotor de mudanças. Disse que foi o Arcanjo Gabriel que anunciou o nascimento de Cristo a Maria; atribui-se também a ele ter sido o guardião do profeta Maomé na tradição muçulmana, e ter também influenciado Zoroastro.

Ao Arcanjo Gabriel cabe anunciar aos homens os compromissos espirituais de cada pessoa, para o benefício da Terra. O amor é sua grande motivação.

URIEL

Uriel vem do hebraico e significa "Fogo de Deus".

É o Anjo das profecias e o inspirador de escritores e professores. É um alquimista que nos proporciona idéias transformadoras para alcançarmos nossos objetivos. Uriel, líder dos Serafins, é o encarregado de dar forças às pessoas desencorajadas e fracas.

HANIEL

Haniel significa "Glória ou Graça de Deus".

Considera-se que este Anjo rege o planeta Vênus. Ele possui os poderes do amor. Invoque Haniel para ter mais amor, beleza e felicidade.

RAZIEL

Seu nome significa "Segredo de Deus".
É o Arcanjo dos mistérios. Rege o conhecimento e a originalidade. Seu reino é o das idéias puras.

AURIEL

É o Anjo da noite (noite da vida). Ele nos desperta e nos dá forças quando estamos em período de declínio e decadência, ajudando-nos a ter mais fé e mais esperança no futuro.

Função dos Anjos

Os Anjos estão aí para nos ajudar, nos dar forças, nos orientar, nos amparar. Eles podem fazer isso através da canalização, transmissão, condicionamento, inspiração ou simplesmente distribuição de energia divina.

Qualquer pessoa pode entrar em contato com os Anjos. Basta que tenha, antes de mais nada, um coração realmente amoroso, alegria e otimismo contagiante, e que essa pessoa também esteja interessada no progresso e na evolução espiritual de toda a humanidade.

Precisamos ter também tranqüilidade, calma, sensibilidade e humildade para tentar entender os sinais que eles nos transmitem, porque nem sempre as orientações ou as inspirações virão diretamente, mas através de sinais, pessoas, sonhos, "coincidências". E essas "coincidências" todos nós já sabemos que nada mais são do que a presença incondicional dos Anjos na nossa vida.

Confie nos Anjos, junte-se a eles, pois eles lhe mostrarão com certeza o caminho da Luz (que representa sua volta ao Pai).

Anjos Decaídos (demônios)

A angelologia explica que eles existem e atuam da mesma forma que os Anjos de Luz, porém, produzindo efeitos contrários. Para cada aspecto positivo da vida, existe um aspecto contrário, negativo. Isso é irrefutável.

Podemos imaginar os Anjos como luz e os demônios como trevas — logo, não existem trevas capazes de se manter na presença da luz; então, onde houver luz verdadeira, jamais haverá lugar para trevas.

A luz dos Anjos é a luz do amor, a única coisa que os demônios não compreendem e não possuem. No lado das trevas o amor é substituído pelo medo, que alimenta o desenvolvimento dos demônios e de que os Anjos nunca se utilizam. Se temermos alguma coisa, os demônios podem se fortalecer a partir de nós mesmos, tornando-nos ainda mais temerosos. Os demônios se aproveitam dos nossos medos, do nosso lado negativo, da nossa vaidade, orgulho, ambição, prepotência, preconceitos, para atingirem seus objetivos.

Mas não existe motivo para pânico. Só precisamos nos convencer de que todos os seres humanos têm batalhas a serem enfrentadas, e cada vez que nos deixamos derrotar, entristecer, desanimar, ficamos vulneráveis às cargas negativas e assim acabamos atraindo os Anjos contrários. Para vencer todos esses lados negativos, o primeiro passo é, antes de mais nada, encarar todos os nossos problemas, nossos medos, nossos limites e nossas dificuldades de frente, e buscar ajuda junto dos Anjos e da luz, seguindo todas as instruções que já foram dadas neste livro.

Sempre que você se sentir em desespero, aflição, nervosismo, procure se concentrar um pouco; mentalize seu Anjo da guarda junto de você — lembrando que seu Anjo deve ser visualizado como pura luz. Sinta essa imensa luz branca de seu Anjo tomando conta de você, e sinta-se como um imenso sol de luz branca irradiando paz, tranqüilidade, equilíbrio para você e para todos ao seu redor. Saiba que a luz branca não só o protege como também consegue transformar trevas em luz.

Outro ponto importante de se lembrar é que os demônios não têm o menor senso de humor e normalmente são atraídos para as pessoas mal-humoradas. Portanto, mantenha vivo seu senso de humor, os Anjos estarão próximos e os demônios se tornarão mais raros.

Mais que estudar a realidade dos Anjos e sua relação como os humanos, o objetivo da Angelologia é o desenvolvimento no homem daquilo que chamamos de "Consciência Angelical" — a consciência de que todos nós fazemos parte de uma mesma trama cósmica, como fios de um imenso tecido. Não é possível salvar um único fio, porque todos são igualmente importantes. Daí a necessidade de cada pessoa que deseja ascender até o Pai fazer o possível para auxiliar o próximo, para que todos possamos evoluir juntos.

Deus é o grande artista idealizador de todo o tecido. Os Anjos são seus tecelões. O Amor é a força que mantém a trama.

Orações

Orar, rezar, meditar são as formas mais fáceis e sublimes de se chegar ao Pai. Todas as orações são ótimas; todas atingem seus objetivos, desde que feitas com fé, coração puro e um desejo sincero de levar o bem a todos.

Vamos deixar aqui algumas orações para se invocar os Anjos. Quem desejar e gostar, pode usá-las diariamente, ou sempre que for necessário.

INVOCAÇÕES MATINAIS

Salve, irmãos das hostes dévicas!
Vinde em nosso auxílio;
Dai-nos vosso ígneo poder dévico,
Como nós vos damos nosso amor humano.

Enchei todos os lares com amor e vida!
Participai conosco dos trabalhos desta Terra,
Para que a vida-força interna se liberte.

MÚSICA

Salve, Anjos da música!
Vinde em nosso auxílio!
Cantai vossas canções de alegria;
Enchei-nos de vossa divina harmonia.
Despertai-nos para que possamos ouvir vossa voz;
Afinai nossos ouvidos para o vosso canto.
Animai nossa música terrena com vossa luz.
Participai conosco dos trabalhos da Terra,

Para que os homens ouçam as melodias
que cantais
Além dos reinos do espaço e do tempo.

GUARDIÕES DO LAR

Salve, Anjos guardiões do lar!
Vinde em nosso auxílio;
Participai conosco do nosso trabalho e descanso.
Sede conosco para que ouçamos vossos vôos,
E sintamos vosso bafejo em nossas faces.
Alegrai-vos e provai nosso amor humano;
Tomai nossas mãos nas vossas;
Soerguei-nos por um momento
Do fardo desta carne.

Permiti-nos participar convosco
De vossa maravilhosa liberdade pelo espaço
De vossa fulgurante vida ao ar ensolarado,
De vossa intensíssima alegria,
De vossa unidade com a vida.
Ajudai-nos a trabalhar e recrear,
Para fazer aproximar a época
Em que toda a nossa raça
Vos conheça melhor
E vos saúde como irmãos peregrinos
Na senda para Deus.

Salve, Anjos guardiões do lar!
Vinde em nosso auxílio!
Participai conosco de nossos trabalhos
e recreios
Para que a vida interna possa libertar-se.

ANJOS CONSTRUTORES
(Construtores da vida-maternidade)

Salve, hostes dévicas construtoras!
Vinde em nosso auxílio;
Ajudai este novo nascimento
No mundo dos homens.

Fortalecei a mãe em suas dores,
Enviai vossos graciosos Anjos
Para que assistam ao berço do nascimento
E guiem no alvorecer desta nova vida.
Dai ao bebê que chega
A bênção do Senhor.

Salve, hostes dévicas construtoras!
Vinde em nosso auxílio;
Ajudai este novo nascimento no mundo dos
homens, para que a divindade interna possa
libertar-se.

ANJOS CURADORES

Salve, Anjos da arte de curar;
Vinde em nosso auxílio
Derramai vossa vida curadora
Neste... (lugar ou pessoa).

Que toda célula seja novamente
carregada de força vital.
Dai paz a todo nervo.
Que se conforte o sentimento torturado.
Possa a crescente maré da vida
Estimular todos os membros,
Para que, por vosso poder curativo,
A alma e o corpo sejam recuperados.

Deixai aqui (ou ali) um Anjo-custódio
Para confortar e proteger,
Até que a saúde retorne, ou a vida
se desprenda
Que ele afaste todo o mal
E acelere o ritmo das energias...
Ou conduza à paz, se cessar a vida.

Salve, Anjos da arte de curar!
Vinde em nosso auxílio,
E participai conosco dos trabalhos da Terra,
Para que o Deus interno possa libertar-se.

ANJOS DA NATUREZA

Salve, Anjos da Terra e do Céu!
Vinde em nosso auxílio,
Dai fertilidade aos nossos campos,
dai vida a todas as nossas sementes,
Para que esta nossa terra seja frutífera.

Salve, Anjos da Terra e do Céu!
Vinde em nosso auxílio,
Participai conosco dos trabalhos deste mundo
Para que a divindade interna possa libertar-se.

ANJOS DA BELEZA E DA ARTE

Salve, Anjos da mão de Deus!
Vinde em nosso auxílio.
Imprimi em nossos mundos
De pensamento, sentimento e carne
Um senso de beleza divina.

Ajudai-nos a ver com a visão do Eu,
A reconhecer em todas as coisas criadas
A beleza do Eu.
Que por meio da beleza possamos encontrar,
Profundamente oculto pelos véus externos
De cor, linha e forma
o verdadeiro Eu.

Assim, tendo-nos ajudado,
Inspirai-nos com o poder
Para expressarmos em nossas vidas
tudo o que vimos.
O Bem, o Verdadeiro e o Belo.

Permiti que vejamos e conheçamos
A voz, os Anjos da sua mão;
Para que, vendo-vos, aprendamos a participar
De vossa tarefa de semear beleza no mundo.

Salve, Anjos da mão de Deus!
Vinde em nosso auxílio.
Participai conosco dos trabalhos desta Terra,
Para que a beleza interna possa revelar-se.

VESPERTINOS — ENCERRAMENTO

Que as bênçãos emanantes do alto
Se exteriorizem embelezando o Amor humano.
Que em nossa gratidão vos tributamos,
Nossos Anjos protetores deste dia.

Aceitai nosso amor e gratas orações
E ajudai-nos assim a viver e trabalhar,
Para que sempre, dia-a-dia,
Vossas hostes nos achem
Cada vez mais irmanados convosco.

Imploramos esta noite vossa proteção a todos,
Estai com as crianças, os velhos e os enfermos.
Envolvei seus leitos com as asas da vida e paz.
Acarinhai-os, vo-lo rogamos, até o amanhecer.

E quando o sol volver uma vez mais,
Para nos dar vida, calor e luz,
Recomecemos de novo nossa obra,
com saudações e louvores
Àquele que é o Pai de todos nós;
Para que, ombro a ombro e de mãos dadas,
Possam seus filhos humanos e angélicos,
Trabalhar em seu nome,
Para criarem o glorioso dia
Em que, em nosso mundo e no deles,
Reine tão-só a vossa vontade.
Amém.

VESPERTINOS — ENCERRAMENTO

A noite se apresenta em seu encerramento de nosso dia terreno,
E agora nos reunimos aqui, nosso hóspede angélico,
Para ofertar-te nosso amor e gratidão
Para agradecer-te por teus serviços
Que aqueles que trabalham sempre noite e dia,

Vertam sobre ti múltiplas bênçãos,
Enviem-te seu amor e graça super-humanos,
Que sua compaixão e sua vida te saturem,
Até que transbordantes correntes de amor
Caiam de ti sobre nós e refluam de nós para ti,
Enlaçando nossos corações pelos vínculos da fraternidade.
Unindo-nos pelos elos do amor divino.

Rogamos-te que respondas sempre ao nosso apelo,
Pois queremos abrir sempre nossos corações a ti.
Aproxima-te mais, bendito mensageiro
de Deus,
Queremos ouvi-lo no ruflar de tuas asas.

Em silêncio, coração e mente serenos,
Nós te saudamos, ao encerrar-se este dia,
Que ele te envolva em seus perpétuos braços
Até que seu esplendor e sua alegria
transluzam em ti.

Fica com as crianças esta noite, bendito ser;
Fica com os velhos e enfermos;
Junto de cada leito permaneça um
Anjo-custódio

Para que todos durmam em paz e despertem cedo,
Sentindo sempre junto de si tua presença guardiã.
Amém.*

Convém lembrar que não precisamos de fórmulas complicadas de orações. Existem duas orações bem simples que são ótimas invocações angelicais. Orações que todos nós um dia ouvimos ou rezamos quando crianças.

SANTO ANJO

Santo Anjo do Senhor
Meu zeloso guardador
Se a ti me confiou
A piedade divina,
Sempre me rege,
Guarda,
Governa,
Ilumina,
Amém.

---

* Estas orações foram coletadas da obra *No Reino dos Deuses*, de Geoffrey Hodson.

SANTO ANJO II

Deus pequenino me leve por um bom caminho
Sete Anjos me acompanhem
Sete velas me iluminem
Com Deus me deito
Com Deus me levanto
Com a graça de Deus
E do divino Espírito Santo.

Colocamos aqui o salmo 23 por ser ele um dos mais significativos do livro de salmos. Esse salmo tem o poder de limpar toda egrégora negativa de alguém ou de qualquer ambiente, trazendo muita força e proteção.

Salmo 23 — SALMO DE DAVI

O Senhor é meu pastor: nada me faltará.

Ele me faz repousar em pastos verdejantes. Leva-me para junto das águas de descanso;

Refrigera-me a alma. Guia-me pelas veredas da justiça por amor do teu nome.

Ainda que eu ande pelo vale da sombra da morte, não temerei mal algum, porque tu estás comigo: a tua vara e o teu cajado me consolam.

Preparas-me uma mesa na presença dos meus adversários, unges-me a cabeça com óleo; o meu cálice transborda.

Bondade e misericórdia certamente me seguirão todos os dias da minha vida; e habitarei na casa do Senhor para todo o sempre.

Quero encerrar esse tópico de preces com uma oração que considero um hino de amor, humildade, simplicidade, e é também uma oração que exemplifica muito bem a necessidade de transformação do ser humano.

Enquanto cada um de nós não sentir vontade de se transformar em alguém melhor e mais iluminado, fica difícil nosso caminho de volta ao Pai.

ORAÇÃO DE SÃO FRANCISCO DE ASSIS

Senhor,
Fazei de mim um instrumento da vossa paz;
Onde houver ódio, fazei que eu leve o amor;
Onde houver ofensa, que eu leve o perdão;
Onde houver discórdia, que eu leve a união;
Onde houver dúvidas, que eu leve a fé;
Onde houver o erro, que eu leve a verdade;
Onde houver desespero, que eu leve a esperança;

Onde houver tristeza, que eu leve a alegria;
Onde houver trevas, que eu leve a luz.

Pai, fazei que eu procure mais consolar do que ser consolado; compreender do que ser compreendido, amar do que ser amado,
Pois é dando que se recebe,
É perdoando que se é perdoado,
E é morrendo que nascemos para a vida eterna.
Amém.

Que os fluidos benéficos de todas essas preces invadam os corações de todos vocês, trazendo paz, equilíbrio, força, coragem e muita alegria junto da Fé e dos Anjos.

Posturas Angelicais (para meditar)

- Para criar é preciso ter muita coragem; para dar vida à sua criação é preciso ousar sempre; coragem para ousar significa romper regras, valores, costumes.

- Existe magia no universo, porém cabe a nós colaborarmos para que essa magia aconteça.

- Só saberá amar o próximo aquele que ama a si próprio.

- Felicidade, alegria, otimismo são estados da alma que os Anjos nos ajudam a conquistar.

- Quando assumimos nossa jornada de autotransformação com os Anjos, vamos aos poucos nos tornando seres humanos mais alegres, otimistas, com mais esperança, e vamos passando isso aos outros também.

- Nosso ambiente exterior mostra o que temos no nosso interior.

- Repetir uma prática é uma forma de programar a mente. Habitue-se a práticas positivas e tudo de bom chegará até você.

- Mudanças — se quisermos avançar no caminho, devemos permitir que aconteçam mudanças na nossa personalidade básica.

- Conhece-te a ti mesmo (Sócrates). Só assim descobriremos Deus em nós.

- Pensamento negativo, mágoa, rancor são venenos que, antes de tudo, acabam com você mesmo. Livre-se deles.

- Seja feliz sempre.

- Os Anjos estão aí para ajudá-lo. Queira estar perto deles.

- Busque com fervor o caminho da Luz, e jamais se afaste dele.

- Desprenda-se da matéria. Seja livre como os Anjos.

- Saiba querer diante da vida e os Anjos o ajudarão a atingir seu objetivo.

- Se você deseja ardentemente um amor, comece amando a natureza, o ser humano e a Deus.

- Os Anjos querem que nos sintamos fortes, corajosos, jamais vítimas, sofredores, carentes e problemáticos.

- Pensamento positivo é a válvula propulsora do progresso material e espiritual.

- Quando você é uma pessoa amorosa, otimista, positiva, é sinal de que há um Anjo perto de você.

- Oração e alegria — a grande sabedoria para a ligação direta com Deus.

- Peça ajuda aos Anjos e vença seus próprios limites.

- Somos eternos e imortais. Pense nisso.

- Sabedoria = Conhecimento + transformação.

- Alegria, a grande magia da vida.

- Você é um viajante a caminho da Luz. Avance sempre. Não desista jamais.

Escrevemos este livro seguindo as inspirações do "alto", dos Anjos e de todos os enviados da Luz, que trabalham para o bem da humanidade.

Nosso grande objetivo é mostrar às pessoas que cada um de nós possui força suficiente para vencer seus próprios limites, romper suas barreiras e caminhar para a luz; e os Anjos podem ajudá-lo nessa conquista.

Para concretizar este livro também tive que superar meus próprios limites e vencer a mim mesma. Mas valeu a pena.

Saibam de uma coisa: os Anjos estão em toda a parte, ao alcance de todos.

Os Anjos jamais estarão presos em um único credo ou ritual, ou qualquer outra forma de limite convencionado pelos seres humanos. Ninguém é dono dos Anjos. Eles são, antes de tudo, seres livres porque não se prendem a nada da matéria.

Os Anjos, meus amigos, estão dentro de vocês mesmos, ajudando-os, inspirando-os, salvando-os e iluminando-os.

Seja livre no pensamento; busque a luz sempre; siga a sua inspiração interior, que é Deus falando em você; é seu Anjo da guarda mostrando-lhe o melhor caminho.

Sabemos que as mensagens aqui contidas tocaram seu coração; que uma semente de Luz foi plantada. Agora cabe a você continuar confiante e com muita Fé em seu caminho de ascensão espiritual.

Harmonize-se com o seu Anjo da guarda. Aprenda a ser feliz, tenha mais Fé em Deus e mais confiança em você.

Anita Godoy trabalhou durante vinte e três anos como fonoaudióloga, psicóloga e orientadora educacional. Nos últimos anos ela vem se dedicando totalmente ao estudo do mundo angelical.

É titular da Oficina Cultural Esotérica de Uberlândia onde atende às pessoas para terapias, transmitindo sempre uma mensagem de Fé, Esperança e Otimismo.

Durante dois anos participou de um programa na rádio Globocultura. Atualmente apresenta todas as terças e sextas-feiras o quadro Momento Esotérico, recorde de audiência do Jornal do Meio-Dia, na Rede Globo de Televisão (Triângulo Mineiro). O objetivo é levar sempre a melhor orientação possível, ensinando as pessoas a serem felizes, tendo mais fé em Deus e mais confiança em si próprias.

Anita ministra também cursos de Angelologia (estudo dos Anjos).

Harmonize-se com o seu Anjo da Guarda é seu primeiro livro, mas, com certeza, outros virão, porque este é o seu caminho nesta vida — divulgar grandes verdades de uma forma simples e objetiva, mas que atinja o coração daqueles que buscam a "Luz".

ANJOS, MENSAGEIROS DA LUZ
Terry Lynn Taylor

Os anjos, mensageiros da Divina Providência, estão sempre dispostos a ajudá-lo na criação do céu em sua vida; eles são o elo perdido da corrente de auto-ajuda e do processo de autodesenvolvimento e autoconfiança da humanidade.

Anjos, Mensageiros da Luz é um livro cujo propósito é expandir a sua consciência com relação aos anjos; é sobre conhecer e notar o comportamento dos anjos para que você possa incorporar a ajuda angélica na sua vida cotidiana.

Leia este livro como um guia para a descoberta do reino dos Anjos. Descubra maneiras de criar a consciência angélica e de atrair os anjos para a sua vida. Se o fizer, eles irão partilhar com você segredos que lhe ensinarão como driblar os inconvenientes causados pela tensão da vida moderna, pelo envelhecimento e pela gravidade.

EDITORA PENSAMENTO

PERGUNTE AO SEU ANJO

Alma Daniel, Timothy Wyllie e *Andrew Ramer*

"SE ESTE LIVRO LHE CHEGOU ÀS MÃOS, OS ANJOS JÁ O TOCARAM."

Os anjos têm estado entre nós em todas as épocas e culturas e em muitas tradições religiosas. Este livro descreve vividamente como eles estão entrando em contato com cada um de nós, de uma maneira totalmente nova, lançando uma ponte entre a nossa realidade física e a sua energia espiritual. Com base em textos históricos e em diversas experiências contemporâneas, os autores deste livro nos mostram como podemos utilizar os poderes dos anjos para retomar o contato com o nosso eu interior perdido e alcançar as nossas metas, sejam elas um relacionamento humano melhor, a cura de uma doença ou a libertação de um vício.

O processo descrito neste livro inclui cinco etapas, além de exercícios, meditações e visualizações, para ficar em sintonia com o campo de energia angelical, aprender a conversar com os seus anjos — mentalmente, por cartas, em sonhos ou mesmo pelo computador — e pedir-lhes orientação em questões importantes ou do seu dia-a-dia.

Desde Gabriel, Miguel, Rafael e Uriel até os anjos do nascimento e da morte, do Anjo da Terra até o anjo da guarda, que é o seu mestre pessoal, confortador e amigo íntimo, este livro irá colocá-lo em contato com o humor, a sabedoria e o companheirismo resultante do contato com os anjos, pois eles permitem o nosso acesso ao Divino que existe dentro de nós.

EDITORA PENSAMENTO

A COMUNICAÇÃO COM OS ANJOS E OS DEVAS

Dorothy Maclean

"*Sim, eu falo com anjos, grandes seres cujas vidas permeiam e criam tudo o que existe na Natureza. Em outros tempos e em outras culturas, eu poderia ser enclausurada num convento ou num templo ou, pior ainda, ser queimada viva como feiticeira. Em nossa época e em nossa cultura, marcada pelo ceticismo, essa minha afirmação provavelmente será acolhida com risonha descrença, como sendo o fruto dos caprichos de uma mulher sonhadora. Contudo, sempre fui uma pessoa prática, com os pés bem fincados na terra, e nunca pretendi aprender a falar com os anjos, nem nunca imaginei tal contato possível ou útil. No entanto, quando essa comunicação começou a acontecer, foi de uma forma inquestionável.*"

* * *

De um emprego, na época da guerra, junto ao governo britânico, a co-fundadora da comunidade de Findhorn, na Escócia, e, depois, da Lorian Association, no Canadá, a história da vida de Dorothy Maclean é o relato inspirador de uma jornada de autodescoberta rumo à consciência das forças que iluminam e orientam a criação: o reino dos devas e dos anjos.

O sucesso e a fama subseqüente dos jardins de Findhorn nasceram, em parte, do contacto telepático da autora com esse reino. Muitas das mensagens por ela recebidas estão incluídas neste livro, e sua sabedoria simples não pode deixar de avivar a consciência de nosso direito inato como participantes conscientes de todas as correntes evolutivas da vida.

EDITORA PENSAMENTO

OS ANJOS

GUARDIÃES DA ESPERANÇA

Terry Lynn Taylor

Os Anjos são mestres em tudo o que diz respeito à felicidade e querem o melhor para cada um de nós. Estão sempre dispostos a elevar o nosso espírito e a nos mostrar o lado alegre e divino de nossas experiências. As mensagens dos Anjos são aplausos que buscam nos conscientizar de nossa importância como seres humanos. Eles querem que nos sintamos como os integrantes de uma única e vasta família humana.

Os Anjos Guardiães da Esperança oferece uma ampla seleção de práticas que podem proporcionar-lhe mais alegria, amor, esperança, divertimento e aventura na sua vida diária. Através da compreensão dos princípios da energia desses seres superiores, você poderá aprender a

- comunicar-se com os Anjos através do pensamento e da confiança,
- reforçar o seu pensamento positivo,
- libertar a sua criança interior,
- trabalhar com os Anjos como guardiães de seus passos mais importantes,
- aprender a perdoar a si mesmo e a se desapegar,
- tornar-se um Anjo guerreiro,
- e muito mais.

Você irá amar este livro pela sua praticidade e eficácia. Ao lê-lo e ao aplicar as informações nele contidas, você irá colher as recompensas de uma vida em harmonia com o Reino Angélico e terá muito o que compartilhar com os outros.

* * *

Da mesma autora a Editora Pensamento já publicou *Anjos – Mensageiros da Luz*.

EDITORA PENSAMENTO

OS ANJOS RESPONDEM — Um Livro de Mensagens Angélicas

Terry Lynn Taylor

"Este livro é uma coletânea maravilhosa das diferentes maneiras com que somos brindados com a ajuda, a inspiração e o toque muito especial dos anjos."

Dorothy Maclean, autora de *Comunicação com os Anjos e os Devas*, Editora Pensamento.

Os anjos são mensageiros da energia divina que permeia o Universo. A alegria que eles nos trazem é uma dádiva de Deus. Eles são os nossos ajudantes espirituais e querem nos ensinar a viver de acordo com os princípios mais elevados do Universo.

Os Anjos Respondem é o resultado de milhares de cartas que a autora recebeu de pessoas de todo o mundo que se beneficiaram com a ajuda angélica em diferentes situações de suas vidas. São cartas cheias de esperança e de inspiração e que compartilham temas que surgem como mensagem dos anjos, tais como:

- Não estamos sós.
- Somos protegidos.
- Tudo vai dar certo.
- Isso também vai passar.
- O caminho espiritual é de leveza e prazer.
- A vida ainda pode ser alegre e prazerosa, não importa o quanto o resto do mundo pareça sombrio.
- Alegre-se e não leve as coisas tão a sério.

* * *

Terry Lynn Taylor, autora de *Anjos — Mensageiros da Luz* e *Anjos — Guardiães da Esperança* publicados pela Editora Pensamento —, neste livro compartilha com o leitor as mensagens que nos permitem ver um lado da vida que aquece o coração e enche nossa alma de alegria.

EDITORA PENSAMENTO

OS ANJOS
Espíritos Protetores

Penny McLean

"Quando acabei de escrever *Contatos com o Anjo da Guarda* – o primeiro livro da série – eu não tinha a menor idéia do que as minhas reflexões e experiências iriam provocar. Logo após a sua publicação, recebi uma verdadeira enxurrada de cartas repletas de perguntas, pedidos de conselhos e, mesmo, relatando experiências pessoais. Neste novo livro, eu gostaria de fornecer mais informações não constantes do primeiro sobre contatos com seres invisíveis, respondendo, assim, a todas as perguntas que, afinal, são válidas para todos.

"Fiquei especialmente surpresa e feliz com o enorme interesse despertado pela minha comunicação com o mundo espiritual, invisível. Por esse motivo, consultei todas as minhas anotações e documentos sobre o assunto e comecei a trabalhar neste livro apoiada quase que exclusivamente na decisão de não revelar aqui meras experiências sobre contatos com Anjos da Guarda, pois acredito que o aprendizado a ser alcançado pela simples leitura de histórias pode ser substancialmente intensificado quando continuamos o nosso trabalho levando em conta os resultados já obtidos.

"Eu gostaria de deixar bem claro que conduzi o assunto no sentido de proporcionar uma ampliação da consciência e, não, de publicar algo simplesmente espetacular pois, qualquer que seja o tipo de experiência que se faça ou de energia espiritual que se contate, ela será de pouca ajuda se não soubermos como empregá-la ou transformá-la em nosso benefício."

Penny McLean

Penny McLean é a autora de outros títulos, também publicados pela Editora Pensamento: *Contatos com o Anjo da Guarda* e *Nossos Guias Espirituais*.

Leia também: *Anjos - Mensageiros da Luz* de Terry Lynn Taylor e *Meditando com os Anjos* de Sônia Café e N. Innecco.

EDITORA PENSAMENTO

Outras obras de interesse:

NA PRESENÇA DOS ANJOS
Robert C. Smith

MEDITANDO COM OS ANJOS
Texto: Sônia Café
Ilustrações: Neide Innecco

O REINO DOS DEUSES
Geoffrey Hodson

A FRATERNIDADE DE ANJOS E DE HOMENS
Geoffrey Hodson

CONTATO COM GUIAS ESPIRITUAIS - Pequeno Manual de Canalização
Celina Fioravanti

OS ANJOS - Guardiães da Esperança
Terry Lynn Taylor

OS ANJOS RESPONDEM
Um Livro de Mensagens Angélicas
Terry Lynn Taylor

ANJOS - Mensageiros da Luz
Terry Lynn Taylor

OS ANJOS INSPIRADORES DA CRIATIVIDADE
Terry Lynn Taylor

COMUNICAÇÃO COM OS ANJOS E OS DEVAS
Dorothy Maclean

REDESCOBRINDO OS ANJOS e os Habitantes Alados da Eternidade
Flower A. Newhouse

PERGUNTE AO SEU ANJO
Um Guia Prático para Lidar com os Mensageiros do Céu e Fortalecer e Enriquecer a sua Vida
Alma Daniel, Timothy Wyllie e *Andrew Ramer*

GUIAS ESPIRITUAIS - Não Estamos Sozinhos
Iris Belhayes

OS ANJOS QUE REGEM A NOSSA VIDA - Um Guia Espiritual
John Randolph Price

OS ANJOS - Espíritos Protetores
Penny McLean

NOSSOS GUIAS ESPIRITUAIS
Penny McLean

CONTATOS COM O ANJO DA GUARDA
Penny McLean

Peça catálogo gratuito à
EDITORA PENSAMENTO
Rua Dr. Mário Vicente, 374 - Fone: 272-1399
04270-000 - São Paulo, SP